기도로 채우는 사랑의 삶

부부기도문 100

기도로 채우는 사랑의 삶, 부부기도문 100

초판 1쇄 발행 2025년 2월 25일
지은이 민상기
펴낸이 민상기
편집장 이숙희
펴낸곳 도서출판 드림북
인쇄소 예림인쇄 **제책** 예림바운딩
총판 하늘유통

·**등록번호** 제 65 호 **등록일자** 2002. 11. 25.
·경기도 양주시 광적면 부흥로 847 경기벤처센터 220호
·Tel (031)829-7722, Fax(031)829-7723

민상기 지음

기도로 채우는 사랑의 삶

부부 기도문 100

드림북

머리말

하나님께서는 부부를 창조하시고, 둘이 한 몸을 이루어 함께 살아가도록 하셨습니다. 그러나 결혼 생활은 단순히 사랑과 기쁨만으로 이루어지지 않습니다. 때로는 어려움이 닥치고, 갈등이 생기며, 인생의 다양한 변화를 마주하게 됩니다. 이러한 순간순간마다 부부가 서로 의지하고 신뢰하며 하나님의 도우심을 구할 수 있는 가장 강력한 방법이 바로 "기도"입니다.

이 책은 부부가 함께 드릴 수 있는 다양한 기도문을 담고 있습니다. 부부가 신뢰를 쌓아가는 과정에서, 자녀를 양육하며 가정을 지키는 순간마다, 경제적 어려움을 극복하고 새로운 출발을 준비할 때, 그리고 서로를 깊이 사랑하고 존중하는 관계를 유지하는 모든 시간 속에서 기도는 아주 강력한 힘이 됩니다.

특히 이 기도문들은 '가정을 위한 기도', '부부의 신앙과 영적 성장', '특별한 순간과 감사의 기도', '부부의 사랑과 관계를 위한 기도'라는 네 가지 주제로 구성되었습니다. 이를 통해 부부가 결혼 생활 속에서 마주할 수 있는 다양한 상황을 하나님 앞에 올려드릴 수 있도록 하였습니다. 기도는 단순히 문제를 해결하는 도구가 아니라, 부부가 하나님과 더욱 깊은 관계를 맺고, 서로를 위해 중보하며, 하나님의 뜻을 발견하는 과정입니다.

이 기도문을 따라 읽고 기도하는 동안, 부부의 사랑이 더욱 깊어지고, 믿음이 견고해지며, 가정이 하나님 안에서 평안과 기쁨을 누리기를 소망합니다. 기도하는 부부는 강한 부부이며, 기도의 자리에서 하나님을 만나는 부부는 결코 흔들리지 않습니다. 부부가 함께 드리는 이 기도가 하나님께 올려질 때, 주님의 은혜와 인도하심이 여러분의 가정에 충만히 임하시기를 바랍니다.

이 책이 나올 수 있도록 독려해 준 아내 이숙희, 이쁜 표지를 만들어 준 딸 다슬이, 편집에 도움을 준 아들 경훈이에게도 감사한 마음을 전합니다.

기도하는 부부가 되십시오. 그리고 하나님께서 주시는 평안과 사랑을 경험하십시오.

2025년 설날 마지막 날에
민상기

목차

Part 1 가정을 위한 기도문

가족 간 화목을 이루는 기도 12

가정 예배를 드리는 부부기도문 14

건강을 지키는 부부기도문 16

노년을 함께 준비하는 부부기도문 18

믿음으로 자녀를 기르는 부부기도문 20

삶의 변화에 적응하는 부부기도문 22

새로운 시작을 준비하는 부부기도문 24

웃음이 넘치는 가정을 이루는 부부기도문 26

이사를 준비하는 부부기도문 28

생신을 맞이한 부모님을 위한 부부기도문 30

양가 부모님을 위한 부부기도문 32

임신을 한 부부가 드리는 감사의 부부기도문 34

출산을 앞둔 부부기도문 36

출산을 한 감사의 부부기도문 38

자녀의 첫돌을 기념하는 부부기도문 40

자녀를 양육하는 부부기도문 42

세례받는 자녀를 위한 부부기도문 44

자녀의 학업을 위한 부부기도문 46

자녀의 결혼을 준비하는 기도.................................48

자녀들에게 본을 보이는 부부기도문 50

아픈 아이를 위한 부부기도문................................52

사회속에서 어려움을 극복하는 부부기도문...........54

재정적인 지혜를 구하는 기도 56

Part 2 부부의 신앙과 영적 성장

기도와 말씀으로 무장한 부부기도문 60

기도로 하나되는 부부기도문...............................62

믿음의 유산을 남기는 부부기도문 64

복음의 증인으로 세워지는 부부기도문(1) 66

복음의 증인으로 세워지는 부부기도문(2) 68

선교를 떠나는 선교사를 위한 부부기도문............70

성령의 열매를 맺는 부부기도문 72

신앙의 본이 되는 부부기도문 74

신뢰를 쌓아가는 부부기도문(1) 76

신뢰를 쌓아가는 부부기도문(2) 78

예배에 헌신하는 부부기도문................................80

영적 전쟁에서 승리하는 부부기도문(1) 82

영적 전쟁에서 승리하는 부부기도문(2) 86

영적인 리더십을 나누는 부부기도문 90

용서를 배우는 부부기도문...................................92

전도와 선교에 힘쓰는 부부기도문 94

주님 안에서 성장하는 부부기도문 96

주님의 뜻을 분별하는 부부기도문 98

주님의 말씀을 따르는 부부기도문 100

하나님 말씀에 뿌리를 내린 부부기도문 102

하나님께 헌신하는 부부기도문 104

하나님의 계획을 따르는 부부기도문 106

하나님의 창조를 묵상하는 기도 108

하나님의 평안을 나누는 부부기도문 110

하나님 안에서 온전해지는 부부기도문 112

part3 특별한 순간과 감사의 기도문

부활절을 위한 부부기도문(1) 116

부활절을 위한 부부기도문 (2) 119

추수감사절을 위한 부부기도문 122

성탄절을 위한 부부기도문 124

결혼기념일을 맞은 부부기도문 126

새해 첫날 드리는 부부기도문 128

추석 명절을 위한 부부기도문 130

생일을 맞은 부부기도문 132

감사와 찬양이 넘치는 부부기도문 134

순종과 헌신이 있는 부부기도문 136

어려움 속에서도 감사하는 부부기도문 138

하나님께 찬양으로 영광 돌리는 부부기도문 140

회복의 은혜를 경험하는 부부기도문 142

작은 일에도 감사하는 부부기도문(1) 144

작은 일에도 감사하는 부부기도문(2) 146

험난한 길을 함께 걷는 부부기도문 148

불확실한 미래를 함께 나아하는 부부기도문 150

사업장을 개업한 부부기도문 152

이웃에게 사랑을 전하는 부부기도문 154

가족과 친구를 축복하는 부부기도문 156

Part 4 부부의 사랑과 관계를 위한 기도문

경제적인 문제를 극복하는 부부기도문 160

갈등을 극복하는 부부기도문(1) 162

갈등을 극복하는 부부기도문(2) 164

서로를 위한 중보자가 되는 부부기도문 166

서로를 존중하는 부부기도문 168

서로를 진정으로 용서하는 부부기도문 170

서로의 은사를 발견하는 부부기도문(1) 172

서로의 은사를 발견하는 부부기도문(2) 174

서로를 칭찬하는 부부기도문 176

서로를 격려하는 부부기도문 178

서로를 위로하는 부부기도문 180

서로의 짐을 나누는 부부기도문 182

서로의 아픔을 치유하는 부부기도문 184

서로 소통하는 부부를 위한 기도 186

서로를 위해 희생하는 부부기도문(1) 188

서로를 위해 희생하는 부부기도문(2) 190

스트레스를 극복하는 부부의 기도 192

외로움을 극복하는 부부기도문 194

출장 떠나는 배우자를 위한 부부기도문 196

함께 봉사하는 부부기도문... 198

함께 꿈을 이루는 부부기도문.. 200

사랑이 깊어지는 부부기도문.. 202

항상 사랑을 선택하는 부부기도문 204

섬김과 나눔이 있는 부부기도문 206

함께 배움과 성장이 있는 부부기도문.................................. 208

주님의 사랑으로 하나 되는 기도 210

주님의 사랑을 나누는 부부기도문 212

모든 일을 함께 기도하는 부부기도문.................................. 214

사랑의 언약을 지키는 부부기도문 216

영원한 동반자로 준비된 부부기도문 218

외부 유혹으로부터 보호받는 부부기도문............................ 220

자비와 은혜가 넘치는 부부기도문 222

Part 1

가정을 위한 기도문

가족 간 화목을 이루는 기도

사랑과 은혜의 하나님 아버지,

오늘도 저희 가정을 주님의 사랑으로 품어 주시니 감사합니다. 이 가정을 세우시고 저희 부부를 하나 되게 하신 주님의 뜻을 기억하며, 저희 가정이 화목하고 주님 안에서 온전히 세워지기를 간구합니다.

주님, 가정은 주님께서 허락하신 축복의 자리요, 사랑을 배우는 학교임을 믿습니다. 저희 부부가 서로를 더욱 깊이 이해하고 존중하며 섬길 수 있도록 도와주시고, 주님 안에서 하나 됨을 이루어 가게 하옵소서. 서로의 부족함을 비난하기보다는 사랑으로 감싸 안고, 이해와 용서로 화목을 이루는 부부가 되게 하옵소서.

부모로서 저희가 자녀들에게 본이 되는 모습을 보여주게 하시고, 말과 행동에서 주님의 진리와 사랑을 드러내게 하옵소서. 자녀들 또한 서로를 사랑하며 존중하는 관계를 맺어, 저희 가정이 주님의 사랑으로 가득 찬 화목한 가정이 되기를 기도합니다.

가족 간에 갈등이나 오해가 생길 때, 주님의 지혜와 평안을 구합니다. 대화 속에서 서로의 마음을 나누게 하시고, 문제를 함께 해결하며 더욱 가까워지는 기회로 삼게 하옵소서. 가정 안에 불화를 일으키는 모든 원인을 주님의 이름으로 물리쳐 주시고, 사랑과 이해가 저희들 마음에 자리 잡을 수 있도록 인도하여 주옵소서.

주님, 저희 가정이 화목을 넘어서 이웃과 사회에 주님의 사랑을 나누는 복의 통로가 되게 하옵소서. 가정에서 이루어진 화목과 사랑이 밖으로 흘러가, 주님의 영광을 드러내고 주님의 이름이 높임받는 귀한 도구로 사용되게 하옵소서.

저희 가정을 통해 주님의 계획이 이루어지고, 가족 구성원 모두가 주님의 뜻을 이루는 삶을 살게 하옵소서. 이 모든 것을 이루실 주님께 감사와 찬양을 올려드리며, 예수 그리스도의 이름으로 기도드립니다. 아멘.

가정 예배를 드리는 부부기도문

거룩하신 하나님 아버지,

저희 가정을 주님의 은혜로 세워 주시고, 주님께 예배드릴 수 있는 축복을 주심에 감사드립니다. 오늘 저희가 가정에서 예배를 드리며 주님을 높이고 찬양하오니, 저희의 예배를 기쁘게 받아 주옵소서.

주님, 저희 부부가 가정 예배를 통해 주님의 임재를 경험하게 하시고, 예배의 시간이 저희 가정의 중심이 되게 하옵소서. 말씀과 찬양, 기도를 통해 주님과 더욱 가까워지고, 주님의 뜻을 깨달으며 살아가는 부부가 되게 하옵소서.

특히, 저희 부부가 예배를 드리는 동안 서로의 신앙을 격려하고, 믿음의 동반자로서 더욱 단단히 하나 되게 하옵소서. 서로를 위해 기도하며, 가정을 주님께 맡기고, 주님 안에서 평안과 소망을 누리는 가정이 되게 하옵소서.

주님, 가정 예배를 통해 저희의 삶이 말씀으로 변화되게 하시고, 예배를 드릴 때마다 주님의 사랑과 은혜를 새롭게 경험하게 하옵소서. 저희 부부가 이 예배의 시간을 소중히 여기며, 매 순간 순간마다 주님께 영광 돌리는 마음으로 나아가게 하옵소서.

또한, 저희 가정 예배가 형제와 믿음의 동료들에게도 선한 영향력을 끼치게 하옵소서. 주님의 사랑과 진리가 저희 가정을 통해 흘러가게 하시고, 믿음의 본이 되는 가정으로 사용되게 하옵소서.

주님, 저희 부부가 예배를 통해 더 깊이 성장하게 하시고, 삶의 모든 영역에서 주님께 예배드리는 삶을 살아가게 하옵소서. 가정 예배가 단지 의무가 아니라 기쁨과 감사의 시간이 되게 하시고, 예배를 통해 주님의 영광이 드러나게 하옵소서.

이 모든 말씀, 예배를 통해 영광 받으시기에 합당하신 예수 그리스도의 이름으로 기도드립니다. 아멘.

건강을 지키는 부부기도문

생명과 건강을 주관하시는 하나님 아버지,

저희 부부를 창조하시고 지금까지 지켜주신 주님의 은혜에 감사드립니다. 오늘 저희가 주님 앞에 나아와 저희의 몸과 마음, 그리고 삶의 건강을 위해 기도드립니다. 주님께서 주신 귀한 생명을 잘 돌보고, 주님의 뜻 안에서 건강한 삶을 살아가기를 소망합니다.

주님, 저희가 건강을 소중히 여기며, 몸과 마음을 주님의 성전으로 잘 관리하게 하옵소서. 음식과 생활 습관, 운동과 휴식 등 모든 일상 속에서 지혜롭게 선택하며, 주님의 영광을 나타낼 수 있는 삶을 살게 하옵소서. 저희가 게으름에 빠지거나 몸을 소홀히 하지 않도록 깨우쳐 주시고, 주님의 뜻을 따라 절제와 지혜로 살아가게 하옵소서.

저희가 서로를 위해 기도하며 건강을 지키는 동반자가 되게 하옵소서. 서로를 격려하고 도우며, 사랑으로 돌보는 부부가 되게 하시며, 아플 때나 지칠 때에 위로와 힘이 되어줄 수 있는 배우자가 되게 하옵소서. 서로의 건강을 위해 신중히 생각하며, 관심과 사랑으로 배려하는 삶을 살게 하옵소서.

주님, 육체의 건강뿐만 아니라 마음과 영혼의 건강도 지켜 주시기를 간구합니다. 저희가 스트레스와 불안으로 지치지 않게 하시고, 모든 염려를 주님께 맡기며 평안 속에서 살아가게 하옵소서. 주님의 말씀과 기도로 저희 영혼이 충만해지며, 삶의 모든 영역에서 주님을 의지하는 부부가 되게 하옵소서.

저희 가정을 주님의 손에 맡깁니다. 건강을 위협하는 모든 위험으로부터 보호하여 주시고, 질병이 찾아올 때에도 주님의 치유하시는 손길을 경험하게 하옵소서. 병마와 싸우는 시간을 통해 더욱 주님께 의지하게 하시고, 부부로서 더욱 깊은 사랑과 연합을 이루는 계기가 되게 하옵소서.

주님, 저희가 건강한 몸과 마음으로 주님께서 맡겨주신 일을 충성되게 감당하게 하옵소서. 가정을 돌보며, 주님의 사랑을 이웃과 나누며, 모든 순간 주님께 감사하며 살아가게 하옵소서. 또한, 저희의 건강을 통해 주님께서 주신 삶의 기쁨과 축복을 온전히 누리게 하옵소서.

저희 부부의 걸음걸음을 인도하시고, 주님의 보호와 은혜로 저희의 모든 날들을 채워 주시옵소서. 건강을 유지하며 주님께 영광 돌리기를 간절히 원하며, 이 모든 말씀 우리 주 예수 그리스도의 이름으로 기도드립니다. 아멘.

노년을 함께 준비하는 부부기도문

영원히 변치 않는 사랑의 하나님 아버지,

저희 부부를 지금까지 인도해 주시고, 함께 삶의 여정을 걸어올 수 있도록 은혜를 베푸신 주님께 감사드립니다. 세월이 흘러 몸과 마음은 점점 연약해질지라도, 주님의 사랑 안에서 더욱 하나 되는 부부로 살아가기를 소망합니다.

주님, 저희의 삶이 지나온 세월을 되돌아보며 주님의 은혜를 기억하게 하옵소서. 기쁨과 감사의 순간뿐만 아니라, 고난과 눈물의 시간 속에서도 주님께서 저희와 함께하셨음을 깨닫게 하시고, 앞으로의 날들 또한 주님께 맡기며 평안히 걸어가게 하옵소서.

노년의 길목에서 저희가 나이 들어감에 두려워하거나 불안해하지 않게 하시고, 주님의 섭리 안에서 준비된 마음으로 하루하루를 받아들이게 하옵소서. 저희가 여전히 서로를 아끼고 존중하며, 사랑으로 돌보는 부부가 되게 하시며, 함께할 시간의 소중함을 잊지 않게 하옵소서.

주님, 저희가 건강을 허락받기를 간절히 기도드립니다. 그러나 육신이 연약해질지라도, 영혼은 강건하게 하시고, 서로를 돌보고 격려하며, 주님 안에서 쉼과 소망을 누리게 하옵소서. 세상적인 가치나 욕망에서 자유로워져, 주님의 평안과 만족으로 채워지는 노년을 살게 하옵소서.

저희의 마음과 생각을 지켜 주시고, 나이가 들어도 주님을 향한 믿음이 날마다 새로워지게 하옵소서. 주님의 말씀과 기도로 하루를 시작하며, 남은 날들을 감사와 기쁨으로 채우게 하옵소서. 또한, 저희가 기도의 자리를 통해 자녀와 형제들을 위해 중보하며, 주님께서 맡겨주신 사명을 끝까지 이루는 부부가 되게 하옵소서. 특히, 저희의 관계를 주님께서 늘 새롭게 하여 주옵소서. 시간이 흐름에 따라 서로를 더 잘 이해하고, 사랑하며, 노년의 여유로움 속에서 함께하는 시간을 풍성히 누리게 하옵소서. 작은 일에도 감사하며, 함께 웃고 서로를 격려하는 부부가 되게 하옵소서.

주님, 저희의 남은 날들을 주님께 맡기오니, 마지막 순간까지 주님께 영광 돌리며 살아가게 하옵소서. 노년의 삶 속에서 서로를 위한 기도와 사랑의 섬김이 끊이지 않게 하시고, 저희 가정이 주님께서 주신 축복의 증거가 되게 하옵소서.

이 모든 말씀, 저희를 끝까지 사랑하시며 동행하시는 예수 그리스도의 이름으로 기도드립니다. 아멘.

믿음으로 자녀를 기르는 부부기도문

　사랑과 은혜가 충만하신 하나님 아버지,

　저희에게 귀한 자녀를 맡겨 주시고, 부모로서의 사명을 감당할 기회를 주심에 감사드립니다. 오늘 이 시간, 저희가 믿음 안에서 자녀를 바르게 양육하며 주님의 뜻을 따르는 가정을 세우기를 소망하며 기도드립니다.

　주님, 자녀를 키우는 여정이 때로는 기쁨이 넘치지만, 때로는 부족함과 연약함을 느끼게 합니다. 저희 부부가 주님의 지혜와 인도하심을 구하며, 자녀를 말씀과 사랑으로 양육하는 부모가 되게 하옵소서. 모든 결정과 양육의 과정에서 주님께서 중심에 계셔 주시고, 저희의 발걸음을 인도하여 주옵소서.

　저희가 자녀에게 믿음의 본을 보이는 부모가 되게 하옵소서. 주님을 경외하며, 삶 속에서 주님의 말씀을 실천하는 모습을 통해 자녀가 주님의 진리를 배우게 하옵소서. 저희의 말과 행동, 기도와 예배가 자녀에게 살아 있는 믿음의 유산으로 남게 하옵소서.

특히, 세상의 가치와 유혹으로부터 자녀를 지켜 주시고, 진리의 말씀 안에서 자라도록 이끌어 주옵소서. 자녀가 주님을 개인적으로 만나고, 아이들의 삶 속에서 주님의 사랑과 계획을 발견하게 하옵소서. 어려움 속에서도 주님을 신뢰하며 의지하는 믿음의 사람으로 성장하게 하옵소서.

주님, 저희 부부가 자녀를 키우는 과정에서 하나 되어 협력하게 하옵소서. 서로의 역할을 인정하며, 함께 기도하고 계획하며, 자녀에게 사랑과 안정감을 주는 부모가 되게 하옵소서. 자녀를 향한 교육과 방향이 주님께서 기뻐하시는 길로 나아가도록 늘 주님의 뜻을 구하게 하옵소서.

주님, 저희 가정을 주님의 손에 맡깁니다. 자녀가 주님의 축복 안에서 건강하게 자라며, 아이들의 재능과 삶을 주님께 드리는 하나님의 사람으로 세워지게 하옵소서. 저희 가정이 주님의 사랑과 은혜를 증거하는 빛과 소금의 가정이 되게 하옵소서.

이 모든 말씀, 저희를 사랑하시고 자녀를 축복하시는 예수 그리스도의 이름으로 기도드립니다. 아멘.

삶의 변화에 적응하는 부부기도문

　변화 가운데도 변치 않으시는 하나님 아버지,

　저희 부부를 지금까지 인도하시고, 모든 계절과 상황 속에서 함께 걸어갈 수 있도록 붙들어 주심에 감사드립니다. 삶이 새로운 국면을 맞이하고 변화의 바람이 불어올 때에도, 저희가 주님을 의지하며 지혜롭게 적응할 수 있도록 도와주시기를 간절히 기도드립니다.

　주님, 새로운 환경이나 변화 앞에서 두려워하거나 낙심하지 않게 하시고, 주님의 계획 속에서 이 변화의 의미를 깨닫게 하옵소서. 어려움 속에서도 주님께서 함께하시며 저희를 선한 길로 인도하심을 믿으며, 믿음의 발걸음을 내딛게 하옵소서.

　특히, 변화의 과정에서 서로를 향한 사랑과 신뢰를 잃지 않게 하옵소서. 변화가 불안과 긴장을 가져올지라도, 서로를 격려하며 힘이 되어주는 부부가 되게 하옵소서. 저희의 차이점을 조화롭게 만들어 주시고, 서로의 강점으로 부족함을 채우며 하나 되는 은혜를 허락하여 주옵소서.

주님, 저희가 변화에 대한 두려움보다 새로운 기회를 바라볼 수 있는 긍정적인 마음을 갖게 하옵소서. 삶의 전환점에서 주님의 뜻을 분별하며, 주님의 인도하심을 따를 수 있는 지혜와 용기를 허락하여 주옵소서. 저희가 세상의 방법이 아니라 주님의 말씀과 진리로 길을 찾게 하옵소서.

변화가 가져오는 도전 속에서도 주님의 평강이 저희 가정을 지켜주시길 기도합니다. 저희가 함께 기도하며 주님의 음성을 듣고, 성령님의 인도하심으로 모든 결정을 내릴 수 있게 하옵소서. 저희 가정이 믿음 안에서 하나 되어 새로운 상황에 잘 적응하고, 주님께서 허락하신 기쁨과 은혜를 누리게 하옵소서.

주님, 저희의 삶에 변화가 있을 때마다 그것이 주님께 가까이 나아가는 기회가 되게 하옵소서. 변화를 통해 저희의 믿음이 더 단단해지고, 사랑이 더 깊어지며, 주님의 영광을 드러내는 부부가 되게 하옵소서.

이 모든 말씀, 변함없는 사랑으로 저희를 인도하시는 예수 그리스도의 이름으로 기도드립니다. 아멘.

새로운 시작을 준비하는 부부기도문

새 일을 행하시는 하나님 아버지,

저희 부부를 지금까지 인도하시고, 새로운 시작을 준비할 수 있는 은혜를 허락하심에 감사드립니다. 변화와 도전의 순간 앞에서 주님의 뜻을 구하며, 믿음으로 나아가기를 소망하며 이 기도를 드립니다.

주님, 저희의 발걸음을 인도하여 주옵소서. 새로운 길 앞에서 두려움이나 걱정에 사로잡히지 않게 하시고, 오직 주님께서 함께하심을 믿으며 담대하게 나아가게 하옵소서. 저희 부부가 주님의 계획을 신뢰하며, 그 뜻을 이루는 길로 충성되게 걸어가게 하옵소서.

특히, 저희가 결정해야 할 순간마다 주님의 지혜와 분별력을 허락하여 주옵소서. 저희의 선택이 주님의 영광을 위한 것이 되게 하시고, 서로의 의견을 존중하며 한마음으로 준비해 나가는 부부가 되게 하옵소서. 변화와 도전 속에서도 서로를 격려하고 위로하며, 사랑으로 하나 되어 새 출발을 맞이하게 하옵소서.

주님, 새로운 시작이 저희 가정에 축복과 기쁨의 기회가 되게 하시고, 주님께 더 가까이 나아가는 계기가 되게 하옵소서. 어려움이 찾아올지라도 그 속에서 주님의 선하심과 신실하심을 발견하며 감사하게 하시고, 믿음의 뿌리를 더욱 깊이 내리는 부부가 되게 하옵소서.

저희 부부의 새로운 시작이 저희만의 유익을 위한 것이 아니라, 주님의 사랑과 은혜를 이웃과 나누는 복음의 삶으로 이어지게 하옵소서. 저희를 통해 주님의 선하심이 드러나고, 저희의 새 걸음이 주님의 축복의 통로가 되게 하옵소서.

주님, 저희를 새롭게 하시고, 새로운 일을 행하시는 주님의 손길을 찬양합니다. 앞으로의 모든 길을 주님께 맡기며, 이 모든 말씀, 저희의 완전한 인도자 되시는 예수 그리스도의 이름으로 기도드립니다. 아멘.

웃음이 넘치는 가정을 이루는 부부기도문

기쁨과 사랑의 하나님 아버지,

저희 가정을 주님의 사랑으로 세워주시고, 서로를 위해 함께 살아가게 하심에 감사드립니다. 오늘 저희 부부가 주님께 기도합니다. 저희 가정에 기쁨과 웃음이 넘치고, 주님의 평강과 사랑이 가득하도록 은혜를 베풀어 주옵소서.

주님, 때로는 일상의 무게와 바쁜 삶 속에서 저희가 웃음을 잃고 지낼 때가 있습니다. 주님께서 주시는 기쁨을 다시 회복하게 하시고, 저희 가정에 밝고 따뜻한 웃음이 가득하게 하옵소서. 작은 일에도 서로 감사하고 기뻐하며, 행복을 나누는 가정이 되게 하옵소서.

저희 부부가 서로의 마음을 돌보며 사랑과 유머로 위로하고 격려하게 하옵소서. 어려움 속에서도 서로에게 힘이 되어주고, 주님 안에서 감사와 기쁨을 발견하며 함께 웃을 수 있는 은혜를 허락하여 주옵소서. 서로의 다름을 이해하며, 그 차이를 통해 더욱 풍성한 관계를 이루게 하옵소서.

주님, 웃음이 넘치는 가정은 주님의 축복임을 믿습니다. 저희 가정이 주님께서 주시는 평안과 은혜로 가득 차게 하시고, 그 기쁨이 자녀와 다른이들에게도 흘러가게 하옵소서. 저희의 삶 속에서 드러나는 웃음과 기쁨이 주님의 사랑과 은혜를 증거하게 하옵소서.

특별히, 저희가 어려움이나 갈등을 만났을 때에도 오로지 주님의 시선으로 상황을 바라보고, 주님의 지혜로 문제를 해결하며, 감사와 기쁨을 잃지 않는 믿음의 부부가 되게 하옵소서. 웃음 속에 서로를 향한 사랑과 주님을 향한 믿음이 깃들게 하옵소서.

주님, 저희 가정의 중심에 주님을 모시고, 주님의 사랑 안에서 기쁨과 행복을 나누는 부부가 되게 하옵소서. 함께 드리는 기도와 예배 속에서 감사와 평안이 넘치게 하시고, 주님께서 주신 축복을 누리며 살아가게 하옵소서.

저희 가정을 웃음으로 채우시고, 기쁨으로 인도하실 주님께 모든 영광을 돌립니다. 이 모든 말씀, 저희를 사랑하시는 예수 그리스도의 이름으로 기도드립니다. 아멘.

이사를 준비하는 부부기도문

사랑과 은혜의 하나님 아버지,

저희가 새로운 집으로 이사할 준비를 하며 주님 앞에 기도합니다. 지금까지 저희 가정을 지켜주시고 필요한 모든 것을 공급해 주신 주님의 은혜에 감사드립니다.

주님, 새로운 시작을 앞두고 설레는 마음과 함께 긴장과 걱정도 있습니다. 이 모든 과정 속에서 주님의 지혜와 평안을 저희에게 허락하여 주옵소서. 이사가 단순한 물리적 이동이 아니라, 주님 안에서 새로운 축복과 가능성을 여는 시간이 되기를 간구합니다.

짐을 정리하고 준비하는 과정 가운데 번거로움과 혼란 속에서도 차분한 마음과 질서 있는 계획을 유지할 수 있도록 도와주시고, 서로 협력하며 함께 준비하는 시간을 통해 저희 부부가 더욱 단단해질 수 있도록 은혜를 더하여 주옵소서. 단하나의 안전사고도 일어나지 않게 도와 주옵소서.

새로운 집에서도 주님의 임재가 가득한 거룩한 가정을 이루게 하옵소서. 이곳이 사랑과 평화로 가득한 공간이 되게 하시고, 주님의 말씀과 기도가 끊이지 않는 집이 되기를 간구합니다. 또한 이웃들과 좋은 관계를 맺으며 주님의 사랑을 나누는 복된 자리로 세워지게 하옵소서.

이사 과정에서 예상치 못한 어려움이나 문제가 생길지라도, 주님께서 주시는 평안과 힘으로 극복하게 하시고, 모든 일이 주님의 시간과 계획 안에서 순조롭게 이루어지게 하옵소서. 또한 저희가 새로운 환경에 잘 적응할 수 있도록 은혜를 베풀어 주시고, 이제부터 필요를 모든 것들을 채워 주시기를 기도드립니다.

이사 후에도 저희 가정이 주님의 사랑을 나누는 중심이 되게 하시고, 저희 부부가 서로를 더욱 사랑하며 섬기며, 주님께 감사와 찬양을 올려드리는 삶을 살아가게 하옵소서.

모든 과정을 주님께 맡기며, 예수 그리스도의 이름으로 기도드립니다. 아멘.

생신을 맞이한 부모님을 위한 부부기도문

사랑의 하나님,

오늘은 저희 아버님(어머님)의 생신을 맞아 감사의 기도를 드립니다. 저희를 사랑으로 길러주시고 언제나 헌신과 희생으로 가정을 이끌어 주신 부모님을 축복하심에 깊이 감사드립니다. 삶 속에 항상 함께하셨던 하나님의 은혜를 찬양하며, 오늘 이 특별한 날을 허락하시고 축하의 시간을 주신 주님께 영광을 올립니다.

주님, 부모님께서 지금까지 걸어오신 길을 통해 많은 열매 맺게 하셨음을 감사드립니다. 그분들의 손길과 따뜻한 마음이 가족과 이웃에게 큰 축복이 되었음을 기억합니다. 부모님의 삶을 통해 저희가 사랑과 인내, 나눔의 가치를 배우게 하심에 감사드리며, 앞으로도 저희가 부모님의 삶을 본받아 주님의 뜻을 이루는 삶을 살아가게 하옵소서. 주님께서 부모님의 모든 수고와 헌신을 기억하시고 갚아 주시며, 두 분의 남은 생애가 기쁨과 평안으로 가득하기를 간절히 소망합니다.

부모님의 건강을 주님께 맡깁니다. 육신의 강건함과 마음의 평안을 허락하시어 매일을 감사와 희망으로 채워 주옵소서. 혹여 피곤함과 연약함이 찾아올 때마다 주님의 위로와 새 힘을 더하여 주시고, 삶의 여정 가운데 주님의 말씀과 사랑을 더욱 가까이 느끼며, 믿음 안에서 평안한 날들을 보내게 하옵소서. 또한, 부모님들의 지혜와 경험이 자손들에게 이어져 아름다운 유산이 되게 하시고, 저희가 부모님을 더욱 공경하며 사랑을 실천하게 하옵소서.

오늘을 특별히 축복의 날로 삼아 주시어, 아버지(어머님)의 삶이 더욱 빛나게 하시고, 앞으로의 모든 걸음이 주님의 인도하심 아래 있기를 간구합니다. 부모님의 삶 속에서 주님의 은혜가 날마다 새로워지며, 두 분의 기도가 하늘에 닿아 저희 가정을 더 큰 사랑과 은혜로 이끄시기를 기도드립니다. 가정 안에 평안과 사랑이 넘치게 하시고, 주님의 은혜가 모든 순간을 채우도록 인도하여 주옵소서.

항상 부모님을 통해 보여주신 하나님의 사랑과 돌보심에 감사드리며, 이 모든 말씀을 우리 주 예수 그리스도의 이름으로 기도드립니다. 아멘.

양가 부모님을 위한 부부기도문

사랑과 은혜로 충만하신 하나님,

저희를 이 땅에 보내시고 사랑으로 길러주신 양가 부모님을 허락하신 은혜에 감사드립니다. 부모님을 통해 저희가 생명과 사랑을 배우고, 지금의 저희가 될 수 있었음을 고백합니다. 이 자리까지 인도하시고, 저희 부부가 함께 부모님께 감사의 마음을 드릴 수 있는 시간을 허락하심에 또한 감사를 드립니다. 부모님들의 헌신과 사랑을 통해 저희가 올바르게 자라며 주님의 뜻 안에서 살아가게 하심을 깨닫습니다.

주님, 부모님들의 남은 여정이 주님의 평안과 축복으로 가득하게 하여 주옵소서. 그동안의 수고와 헌신이 헛되지 않게 하시고, 저희가 그 사랑을 기억하며 보답하는 자녀가 되게 하옵소서. 부모님들의 건강을 지켜주시고, 하루하루의 삶이 기쁨과 감사로 채워지게 하옵소서. 또한, 저희 부부가 양가 부모님을 공경하며, 그분들을 위해 헌신하고 기도하는 자들이 되게 하옵소서. 부모님들의 삶 속에서 주님의 은혜가 가득하여, 영적으로나 육체적으로 풍성함을 누리게 하옵소서.

주님, 저희가 부모님들께 받은 사랑을 본받아 저희 가정에서도 사랑과 화목을 실천할 수 있도록 지혜를 허락하여 주옵소서. 부모님께서 자녀로서 저희에게 가르쳐주신 신앙과 믿음을 귀히 여기며, 그 신앙을 저희의 가정 안에서도 이어가게 하옵소서. 저희 부부가 부모님의 삶을 통해 배운 모든 지혜와 사랑을 기억하며, 감사의 마음으로 부모님을 섬기는 자들이 되게 하옵소서.

주님, 부모님들의 남은 여정 속에서 저희 부부가 작은 기쁨이라도 드릴 수 있는 자녀들이 되게 하옵소서. 삶의 크고 작은 문제들 속에서도 저희가 부모님께 든든한 버팀목이 되게 하시고, 어려운 순간에도 함께 기도하며 주님의 뜻을 구할 수 있는 가족이 되게 하옵소서. 저희를 통해 주님께서 부모님들의 삶 속에서 역사하시고, 그 사랑이 저희 가정을 넘어 주변으로 흘러가게 하옵소서.

하나님, 저희 부부의 삶의 모든 순간을 통해 주님께서 영광 받으시기를 원합니다. 저희가 부모님께 받은 사랑과 은혜를 주님께 감사드리며, 그 사랑을 이웃과 나누는 삶을 살아가게 하옵소서. 부모님들의 삶이 주님의 축복과 은혜로 더욱 풍성해지길 간구하며, 이 모든 기도를 예수 그리스도의 이름으로 올려드립니다. 아멘.

임신을 한 부부가 드리는 감사의 부부기도문

사랑과 생명의 주인이신 하나님 아버지,

저희에게 새로운 생명을 허락하신 주님의 크신 은혜에 감사와 영광을 드립니다. 주님의 창조의 손길로 저희 가정에 새로운 생명의 기쁨을 주시니, 이 귀한 선물을 허락하신 주님을 찬양합니다.

하나님, 저희 부부가 주님의 계획 안에서 하나가 되어 새로운 생명을 맞이할 준비를 하게 하심에 감사드립니다. 임신이라는 축복을 통해 주님의 크신 사랑과 섭리를 경험하게 하시니 참으로 놀랍고 감격스럽습니다. 이 귀한 생명이 저희 안에 자라나게 하심이 주님의 기적임을 고백합니다.

주님, 이 생명이 건강하게 자라나도록 주님의 강한 손으로 붙들어 주옵소서. 아기의 몸과 마음, 그리고 영혼이 온전하고 아름답게 자라게 하시며, 이 아이가 태어나는 순간부터 하나님의 사랑 안에서 축복받는 삶을 살게 하옵소서. 저희가 부모로서 이 아이를 믿음 안에서 양육할 수 있도록 지혜와 인내,

사랑을 허락하여 주옵소서

임신 기간 동안 저희 가정을 특별히 돌보아 주시기를 간구합니다. 산모의 몸이 건강하고 강건하게 하시며, 남편에게도 아내를 더욱 사랑하고 섬기는 마음을 주시옵소서. 모든 과정 속에서 두려움과 걱정보다 감사와 기쁨이 넘치게 하시고, 어려운 순간에도 주님께 의지하며 믿음으로 걸어가게 하옵소서.

하나님, 이 귀한 시간이 저희 부부의 관계를 더욱 깊게 하고, 서로를 더욱 사랑하며 신뢰하게 되는 시간이 되게 하옵소서. 저희가 부모로서의 사명을 깨닫고, 서로를 격려하며 하나님의 뜻 안에서 가정을 이루어 나가게 하옵소서.

주님, 저희가 이 귀한 생명을 키우는 동안 하나님의 말씀을 따라 살며, 이 아이에게 믿음의 유산을 물려줄 수 있도록 도와주시옵소서. 저희 가정이 주님의 사랑과 평안이 머무는 장소가 되게 하시며, 이 생명이 주님의 영광을 드러내는 삶을 살게 하옵소서.

이 모든 것이 주님의 은혜임을 고백하며, 주시는 기쁨과 평강 안에서 하루하루를 걸어가게 하옵소서. 저희의 삶이 오직 주님의 뜻에 합당하게 살아가기를 소망하며, 이 아이를 통해 주님의 계획과 섭리가 이루어지기를 간절히 바랍니다.

이 귀한 선물을 허락하신 주님께 감사드리며, 우리 주 예수 그리스도의 이름으로 기도드립니다. 아멘.

출산을 앞둔 부부기도문

사랑과 생명의 주인이신 하나님 아버지,

저희에게 새로운 생명을 허락하시고, 출산이라는 귀하고 경이로운 순간을 앞두게 하심에 감사드립니다. 주님의 계획 안에서 저희 부부에게 부모가 될 축복을 주시고, 지금까지 이 여정을 안전히 인도하셨음을 고백하며 찬양합니다.

하나님, 이제 출산의 시간이 가까워지고 있습니다. 이 중요한 순간에도 주님께서 함께하셔서 모든 과정이 주님의 섭리와 은혜 안에서 이루어지게 하옵소서. 산모의 몸과 마음을 강건하게 붙들어 주시고, 분만의 시간 동안 주님의 평강으로 가득 채워 주시옵소서. 주님께서 친히 의사와 의료진에게 지혜와 능력을 더하여 주시고, 모든 것이 안전하고 순조롭게 진행되게 하옵소서.

새로운 생명이 세상에 나올 때, 아기가 건강하고 온전하게 태어나도록 주님의 손으로 보호하여 주옵소서. 그 작은 몸과 마음이 주님의 형상대로 지어졌음을 저희가 기억하며, 이 아이를 통해 하나님의 놀라운 계획과 사랑을 경험하게 하여 주옵소서.

주님, 출산을 앞둔 이 시간이 저희 부부에게 두려움이 아닌 믿음의 시간이 되게 하시고, 주님께서 모든 것을 선하게 이끄신다는 확신 가운데 평안과 담대함을 누리게 하옵소서. 남편에게는 아내를 더 깊이 이해하고 사랑하며, 든든한 버팀목이 되는 힘과 지혜를 허락하시고, 아내에게는 고통 가운데서도 주님께서 주시는 힘과 위로를 경험하게 하여 주옵소서.

하나님, 저희가 이 귀한 생명을 양육할 때 부모로서의 사명을 온전히 감당할 수 있도록 지혜와 사랑을 부어 주옵소서. 저희 가정이 믿음의 터전이 되게 하시고, 이 아이가 주님의 말씀과 사랑 안에서 자라나 세상에 선한 영향력을 끼치는 사람이 되게 하여 주옵소서.

모든 순간에 함께하시는 주님, 저희 부부가 이 출산의 시간을 통해 하나님의 크신 능력과 사랑을 더욱 깊이 경험하게 하시고, 감사와 찬양으로 응답하게 하옵소서.

저희의 마음과 몸, 그리고 이 아이를 온전히 주님의 손에 맡기며, 우리 주 예수 그리스도의 이름으로 간절히 기도드립니다. 아멘.

출산을 한 감사의 부부기도문

　사랑과 은혜가 풍성하신 하나님 아버지,

　새로운 생명을 저희 가정에 허락하신 주님의 크신 사랑과 은혜에 감사와 찬양을 드립니다. 주님의 섭리로 건강하게 아이가 태어나고, 저희 부부가 부모가 되는 놀라운 축복을 누리게 하셨으니, 이 모든 것 오직 주님의 손길임을 고백합니다.

　하나님, 출산의 모든 과정 속에서 저희를 지켜 주시고 산모와 아기에게 건강을 허락하셨으니 감사드립니다. 그동안의 모든 염려와 기도를 들으시고 응답하신 주님께 영광을 돌립니다. 이 귀한 생명이 주님의 사랑 안에서 자라나도록 도와주시고, 주님의 계획 속에서 온전히 쓰임 받는 복된 아이로 성장하게 하옵소서.

　주님, 이제 저희 부부는 부모로서의 새로운 여정을 시작하게 되었습니다. 이 여정이 주님의 인도와 지혜로 가득하게 하시며, 저희가 기쁨과 감사로 이 역할을 감당하게 하옵소서. 육아의 순간마다 주님의 도우심을 구하게 하시고, 저희 가정이 주님의 사랑과 은혜가 넘치는 장소가 되게 하옵소서.

산모의 몸이 출산 후 회복하는 과정에서 주님의 강한 손길로 붙들어 주시고, 건강과 힘을 더하여 주옵소서. 남편에게는 가정을 더욱 든든히 세워 나가며 아내와 아이를 사랑과 헌신으로 섬기는 마음을 허락하여 주옵소서.

하나님, 이 아이를 양육하는 동안 저희가 하나님의 지혜를 구하며, 말씀에 따라 이 아이를 바르게 인도하게 하옵소서. 저희가 사랑과 인내로 이 아이를 대하며, 믿음의 본이 되는 부모가 되게 하여 주옵소서. 이 아이가 하나님의 뜻 가운데 자라며, 세상 속에서 빛과 소망을 전하는 사람이 되도록 저희를 사용하여 주옵소서.

주님, 새로운 생명의 기쁨과 함께 찾아오는 육아의 어려움과 도전 속에서도 항상 주님의 은혜를 기억하게 하시며, 이 모든 과정이 저희 부부를 더 성숙되고 하나 되게 만드는 시간이 되게 하옵소서. 저희 가정을 축복하시고, 당신의 사랑과 평안이 언제나 함께하도록 인도하여 주옵소서.

주님께서 주신 이 생명과 가정을 온전히 하나님께 의탁하오며, 모든 순간 감사와 찬양을 드립니다. 예수 그리스도의 이름으로 기도드립니다. 아멘.

자녀의 첫돌을 기념하는 부부기도문

　사랑과 은혜의 하나님 아버지,

　오늘 저희 가정에 주신 큰 축복을 기념하며 감사의 기도를 올립니다. 주님께서 저희에게 귀한 생명을 맡겨 주시고, 이 자녀를 건강하게 자라게 하시어 첫돌을 맞이하게 하심에 깊은 감사를 드립니다.

　지난 1년 동안 이 아이를 보호하시고 인도하신 주님의 은혜를 돌아보며, 저희의 부족함 속에서도 항상 함께하신 주님의 손길을 기억합니다. 아이의 첫 울음, 첫 미소, 첫 걸음 하나하나가 모두 주님의 은혜임을 고백합니다.

　주님, 앞으로도 이 아이가 주님의 사랑 안에서 건강하고 지혜롭게 성장할 수 있도록 도와주소서. 세상의 험한 길을 걸어갈 때에도 주님의 손이 함께하시고, 주님의 진리와 빛 가운데 올바르게 자라게 하옵소서.

　부모로서 저희가 이 아이를 사랑과 믿음으로 양육하게 하시고, 세상의 기준이 아니라 주님의 뜻을 따라 인도할 수 있도록 솔로몬과 같은 지혜와, 주님의 뜻을 알고 실천하기 위해 살다간 믿음의 선진들의 인내를 허락하여 주시옵소서. 저희 가정이 이 아이에게 신앙의 본이 되게 하시고, 가정 안에서 따뜻한 사랑과 평안을 누리게 하옵소서.

첫돌을 맞이한 오늘, 저희 가정이 더욱 감사와 기쁨으로 주님을 찬양하게 하시고, 이 아이의 삶이 앞으로도 주님의 크신 계획 안에서 헌신과 실천과 인내와 사랑으로 아름답게 펼쳐지길 간절히 기도합니다. 커가면서 주님의 사랑을 알고 언제나 복음을 전하며, 하나님의 사랑을 전할 줄 아는 아이가 되게 하옵소서.

이 모든 기도를 저희를 끝까지 사랑하시고 인도하시는 예수 그리스도의 이름으로 드립니다. 아멘.

자녀를 양육하는 부부기도문

사랑과 지혜의 주님,

저희 가정을 주님의 손길로 돌보시고, 귀한 자녀를 맡겨 주심에 감사드립니다. 부족하고 연약한 저희를 부모로 세우시어, 주님의 뜻을 따라 이 아이를 양육할 수 있는 은혜를 주심에 감격하며 주님 앞에 엎드립니다.

주님, 저희 부부가 자녀를 양육하는 동안 사랑으로 하나 되게 하옵소서. 양육의 과정에서 갈등이 생길 때마다 서로를 탓하기보다, 주님 안에서 하나 되어 해결해 나가게 하시고, 함께 기도하며 지혜를 구하게 하옵소서. 서로의 의견을 존중하며, 주님께서 주신 사명을 기억하며 한마음으로 자녀를 돌보게 하옵소서.

아이에게 필요한 것은 물질적인 풍요가 아니라 주님의 사랑과 진리임을 깨닫게 하시고, 저희가 아이의 영혼과 성품을 바르게 세우는 데 최선을 다하게 하옵소서. 자녀의 재능과 성향을 발견하게 하시고, 그 아이의 고유한 모습을 존중하며 주님의 뜻 안에서 성장하도록 도와주옵소서.

특히, 자녀가 주님의 말씀 안에서 자라나게 하옵소서. 세상의 가치관에 흔들리지 않고, 진리의 길을 따르는 아이가 되게 하시며, 어려움 속에서도 주님의 평안을 구할 줄 아는 믿음의 사람으로 세워 주옵소서. 저희 부부가 먼저 말씀과 기도로 무장하며, 자녀와 함께 주님의 길을 걸어갈 수 있도록 이끌어 주옵소서.

주님, 자녀의 앞날을 위해 기도드립니다. 이 세상이 점점 혼란하고 어두워질지라도, 주님께서 그 아이의 길을 인도하시리라 믿습니다. 자녀가 어떤 환경에서도 주님의 빛을 비추는 사람이 되게 하시고, 자신의 삶을 통해 주님의 영광을 드러내게 하옵소서.

아이의 마음에 사랑과 기쁨, 지혜와 평안을 가득 채워 주시옵소서. 또한, 저희 부부가 자녀에게 지나친 기대나 강요를 하지 않도록 지혜를 주시고, 아이의 속도와 능력을 인정하며 격려할 수 있는 여유를 허락하옵소서.

주님, 저희의 기도가 부족할 때에도 성령님께서 저희를 대신하여 중보하여 주시기를 원합니다. 양육하는 모든 순간을 주님께 맡기오니, 저희 가정을 주님의 은혜로 채워 주옵소서.

이 모든 말씀, 우리의 구주 되신 예수 그리스도의 이름으로 기도드립니다. 아멘.

세례받는 자녀를 위한 부부기도문

　사랑과 은혜의 하나님 아버지,

　오늘도 저희들의 가정을 지켜 주시고, 주님의 사랑과 진리 안에서 살아가도록 인도해 주심에 감사드립니다. 주님께서 저희에게 귀한 생명을 맡기시고, 부모로서 양육할 수 있도록 허락하심도 크신 은혜임을 고백합니다. 이제 저희 아이가 세례를 받고 주님의 자녀로서 거듭나는 귀한 은혜를 누리게 하시니 감사와 찬양을 올려드립니다.

　주님, 저희 아이가 세례를 통해 주님의 품 안에서 새롭게 태어나게 하시고, 믿음 안에서 굳건히 서도록 인도하여 주소서. 이 아이의 삶이 주님께 온전히 맡겨지고, 오직 하나님의 뜻을 따라 살아가는 복된 길로 나아가게 하옵소서. 주님의 사랑과 은혜를 깊이 깨닫고, 믿음이 날마다 자라며 신실한 그리스도인이 되게 하옵소서.

　성령님께서 저희 아이의 마음을 지켜 주시고, 언제나 주님의 음성을 듣고 순종하는 삶을 살게 하옵소서. 세상의 유혹과 어려움 앞에서도 흔들리지 않고, 오직 주님만을 의지하는 믿음의 사람이 되게 하시며, 세례를 통하여 맺어진 주님과의 언약을 늘 기억하며 살아가게 하옵소서.

주님의 말씀을 사모하며 기도하는 아이가 되게 하시고, 신앙의 여정을 걸어가는 동안 언제나 주님의 손을 붙잡고 나아가게 하옵소서. 어려움 속에서도 주님을 더욱 의지하게 하시고, 주님의 사랑과 은혜를 나누는 복된 자녀로 자라나게 하옵소서.

부모인 저희도 세례받는 자녀를 위하여 더욱 기도하며 신앙의 본이 되게 하시고, 우리 가정이 하나님 앞에서 거룩한 믿음의 가정으로 세워지도록 인도하여 주시옵소서. 아이가 신앙을 잃지 않도록 늘 말씀과 사랑으로 양육하며, 교회 공동체와 함께 성장하는 삶을 살아가도록 도와주소서.

우리 가정을 통해 하나님의 영광이 드러나게 하시고, 저희 아이가 장차 주님의 귀한 도구로 쓰임 받는 복된 삶을 살게 하옵소서.

이 모든 기도를 살아계신 예수 그리스도의 이름으로 간절히 기도드립니다. 아멘.

자녀의 학업을 위한 부부기도문

사랑과 은혜의 하나님 아버지,

저희에게 귀한 자녀를 허락하시고, 아이의 삶을 통해 주님의 뜻을 이루어 가시는 주님께 감사드립니다. 오늘 저희 부부가 자녀의 학업을 위해 주님께 기도드립니다.

주님, 저희 아이들에게 지혜와 지식을 더하여 주시고, 배우는 모든 과정 속에서 깨달음과 성장의 기쁨을 누릴 수 있도록 도와주옵소서. 학업이 단순히 지식을 쌓는 시간이 아니라, 하나님께서 주신 은사를 발견하고 성장시키는 축복의 시간이 되게 하옵소서.

자녀가 공부할 때에 집중력을 허락하시고, 노력한 만큼의 열매를 거둘 수 있도록 힘과 용기를 더하여 주옵소서. 어려운 과목이나 힘든 상황을 만날 때에도 좌절하지 않고, 인내하며 극복할 수 있는 강한 마음을 허락하여 주시고, 그 과정 속에서 주님을 더욱 의지하게 하옵소서.

솔로몬과 같은 지혜를 주시어 친구들과의 관계에서도 서로를 배려하고 돕는 선한 영향을 주고받게 하시며, 선생님과의 관계 속에서도 존중과 협력의 태도를 배울 수 있도록 인도하여 주옵소서. 또한, 세상의 거짓된 가치관에 흔들리지 않고, 주님의 말씀에 뿌리내린 자녀가 되게 하옵소서.

저희는 부모로서 자녀의 학업을 돕는 데에 지혜롭고 인내하며, 잔소리가 아닌 격려와 사랑으로 자녀를 세워 주게 하옵소서. 자녀가 실패나 실수했을 때에도 따뜻한 품으로 감싸 안고, 그 속에서 배울 수 있는 교훈을 함께 나누는 부모가 되게 하옵소서.

주님, 자녀가 단지 좋은 성적이나 성취만을 바라보는 것이 아니라, 주님께서 계획하신 길을 발견하고 그 길을 걸어갈 수 있는 준비를 할 수 있도록 은혜를 더하여 주옵소서. 학업을 통해서는 주님께 영광 돌리는 삶을 살아갈 수 있기를 간구합니다.

하지만 살아가면서 무엇보다도 주님을 떠나지 않고, 잊지 않고, 기도를 멈추지 않는 신앙의 자녀로 성장할 수 있는 지혜를 주시옵소서.

이 모든 기도를 주님의 사랑과 은혜에 의지하여, 예수 그리스도의 이름으로 드립니다.

자녀의 결혼을 준비하는 기도

사랑과 은혜의 하나님 아버지,

저희 가정을 지켜주시고 저희 아이를 주님의 사랑 안에서 자라게 하신 은혜에 감사드립니다. 오늘 저희 부부는 아이의 결혼을 준비하며 주님 앞에 기도로 나아갑니다.

주님, 이제 새로운 가정을 이루려는 자녀를 축복하여 주시고, 이 결혼이 주님의 계획과 뜻 안에서 이루어지게 하옵소서. 두 사람이 부부로 하나 되어 사랑과 믿음으로 가정을 이루게 하시는 주님의 뜻을 이루어 가게 하옵소서.

결혼을 준비하는 과정 가운데 모든 일이 순조롭게 진행되게 하시고, 필요한 것들을 주님의 은혜로 채워 주옵소서. 결혼식 준비를 비롯한 모든 일정 속에서 자녀가 겸손하고 감사한 마음을 갖게 하시며, 서로를 배려하고 사랑으로 함께 협력하는 기쁨을 누리게 하옵소서.

자녀가 배우자와 함께 주님을 더욱 가까이하며, 서로의 부족함을 인정하고 이해하며, 사랑으로 채우는 가정을 이루게 하옵소서. 또한, 아이들이 어떤 어려움과 도전을 만나더라도 주님께 기도하며 의지하며 극복해 나가는 믿음의 부부가 되도록 인도하여 주옵소서.

결혼 후에도 주님께서 그들의 가정을 친히 돌보아 주시고, 이 가정이 주님의 사랑과 평안으로 가득한 곳이 되게 하옵소서. 자녀가 새로운 가족을 소중히 여기며, 믿음 안에서 건강하고 행복한 관계를 맺어 가도록 은혜를 더하여 주옵소서.

저희 부부가 자녀의 결혼을 준비하며 서로 격려와 지혜를 나누는 부모가 되게 하시고, 결혼 후에도 자녀를 위해 기도하며 주님의 사랑으로 그들을 축복하는 부모로 살아가게 하옵소서.

주님, 이 결혼을 통해 두 사람이 하나 되어 주님을 더욱 사랑하고, 이 땅에서 주님의 뜻을 이루는 귀한 가정으로 세워 주시길 간구합니다.

이 모든 기도를 주님의 은혜에 의지하며, 예수 그리스도의 이름으로 드립니다. 아멘.

자녀들에게 본을 보이는 부부기도문

사랑과 은혜의 하나님 아버지,

저희를 주님의 사랑으로 하나 되게 하시고, 자녀를 맡겨 주셔서 믿음의 가정을 이루게 하심에 감사드립니다. 오늘 이 시간, 저희가 자녀들에게 본이 되는 부모로 살아가기를 간절히 기도드립니다. 저희의 삶을 통해 주님의 사랑과 진리가 자녀들에게 전해지게 하옵소서.

주님, 저희가 말과 행동, 태도와 선택 속에서 주님의 성품을 나타내게 하옵소서. 자녀들이 저희의 삶을 통해 주님을 발견하고, 믿음의 길을 배우며, 주님의 말씀에 순종하는 삶을 살아가도록 저희를 사용하여 주옵소서.

저희 부부가 서로 사랑하며 존중하는 모습을 통해 자녀들이 사랑과 화합의 본을 배우게 하옵소서. 저희의 대화 속에 사랑과 격려의 말이 넘치게 하시고, 갈등이 있을 때에도 용서와 화해로 문제를 해결하는 모습을 보여주게 하옵소서. 저희의 관계가 자녀들에게 안정과 평안을 주는 믿음의 토대가 되게 하옵소서.

주님, 저희가 자녀들에게 말씀과 기도의 본이 되게 하옵소서. 저희가 말씀을 읽고 묵상하며, 기도로 주님께 나아가는 모습을 통해 자녀들이 신앙의 중요성을 깨닫게 하시고, 저희 가정을 통해 믿음이 자라나게 하옵소서. 가정 예배와 기도의 자리를 소중히 여기며, 그 안에서 자녀들과 함께 주님의 은혜를 누리게 하옵소서.

특히, 저희의 삶이 일관성과 진정성으로 가득 차게 하옵소서. 자녀들이 저희의 믿음을 보고 신뢰하며, 저희가 주님의 뜻에 따라 살아가는 모습을 통해 주님을 더욱 깊이 사랑하게 하옵소서. 저희의 부족함조차도 주님의 은혜로 채워져, 자녀들에게 겸손과 감사의 본이 되게 하옵소서.

주님, 저희 가정을 축복하여 주셔서, 자녀들이 저희 부부를 통해 주님의 사랑과 인도하심을 경험하게 하옵소서. 저희가 자녀들에게 믿음의 유산을 물려주며, 그들이 주님 안에서 성장하고, 세상 속에서도 주님의 빛과 소금이 되도록 이끌어 주옵소서.

이 모든 말씀, 저희를 본이 되게 하시고 인도하시는 예수 그리스도의 이름으로 기도드립니다. 아멘.

아픈 아이를 위한 부부기도문

사랑과 자비가 무한하신 하나님 아버지,

저희를 하나님의 형상으로 창조하시고 귀한 생명을 맡겨 주심에 감사드립니다. 저희 가정에 주신 축복 중에서도 특히 저희 아이는 주님의 손길로 빚어진 가장 소중한 선물임을 깨닫습니다. 그러나 지금, 저희 아이가 병으로 고통받고 있기에 이 마음의 아픔과 두려움을 주님께 내려놓고 간구합니다.

주님, 주님은 우리의 창조주이시며 치유자이십니다. 주님의 능력의 손길로 저희 아이를 만져주시고 치유해 주시길 간절히 기도합니다. 아이가 겪고 있는 모든 고통이 사라지고, 주님의 평안으로 온전히 채워질 수 있도록 도와주세요.

주님, 이 시간을 통하여 저희가 깨닫게 됩니다. 저희는 연약하고 부족하며, 주님의 은혜 없이는 한 걸음도 나아갈 수 없는 존재임을 인정합니다. 저희 부부가 이 시련을 믿음으로 이겨나가도록 힘과 용기를 더하여 주십시오. 저희 안에 있는 두려움과 불안을 주님께 맡기고, 하나님의 선하신 계획과 인도하심을 신뢰할 수 있도록 도와주세요.

주님, 저희 아이의 병을 치료하기 위해 힘쓰고 있는 의사와 간호사들을 축복하시고, 그들의 손길에 지혜와 능력을 더하여 주십시오. 그 과정 속에서 주님의 치유와 회복의 은혜가 함께하시기를 기도합니다. 특히 저희 아이의 마음을 주님께 올려드립니다. 육체의 고통 속에서 겪는 두려움과 혼란을 주님께서 위로해 주시고, 아이가 주님의 사랑을 느끼며 평안을 얻을 수 있도록 도와주세요. 어린 마음에도 주님의 임재와 선하심을 깨닫게 하시고, 치유의 과정이 믿음을 더욱 견고히 세우는 시간 되게 하옵소서.

주님, 이 고난이 저희 부부에게 믿음과 사랑으로 하나가 되는 기회가 되게 하시고, 저희가 아이를 돌보는 과정에서 서로를 더욱 격려하고 지지할 수 있게 하옵소서. 고난 중에도 저희 가정을 통해 하나님의 영광이 드러나게 하시고, 주님의 사랑과 은혜를 증거하는 통로가 되게 해 주세요.

주님, 저희가 연약하여 때로는 의심하고 넘어질 때에도 언제나 주님께서 함께하신다는 약속을 붙들게 하옵소서. 이 모든 과정이 결코 헛되지 않음을 믿습니다. 주님께서 저희 아이를 통해 이루실 계획이 얼마나 크고 놀라운지 겸손히 기다리며 나아갑니다.

이 모든 기도를 예수 그리스도의 이름으로 드립니다. 아멘.

사회속에서 어려움을 극복하는 부부기도문

　모든 상황 속에서 저희를 지키시는 하나님 아버지,

　저희를 사랑으로 하나 되게 하시고, 함께 이 세상을 살아가게 하심에 감사드립니다. 오늘 저희 부부가 사회적 어려움 속에서 주님께 도움을 구하며 간절히 기도드립니다. 저희가 겪는 현실의 문제들을 주님의 지혜와 힘으로 극복하고, 주님의 평강 안에서 나아가게 하옵소서.

　주님, 세상의 변화와 도전이 저희를 흔들 때, 주님을 의지하게 하옵소서. 경제적 어려움, 관계의 갈등, 불확실한 미래로 인해 두려워하거나 낙심하지 않게 하시고, 주님께서 주시는 희망과 믿음을 붙들게 하옵소서. 저희가 주님의 약속을 기억하며, 모든 상황 속에서 주님의 손길을 신뢰하게 하옵소서.

　특히, 어려움 속에서 서로를 원망하거나 상처 주지 않도록 저희의 마음을 지켜 주시옵소서. 오히려 어려움을 함께 극복하며, 더 단단한 사랑과 믿음의 관계로 나아가게 하옵소서. 서로를 격려하며 힘이 되어주는 배우자가 되게 하시고, 주님 안에서 하나 되어 이겨낼 용기를 허락하여 주옵소서.

주님, 저희 부부에게 지혜를 주시옵소서. 세상 속에서 바른 선택을 하고, 어려움을 헤쳐 나갈 수 있는 지혜와 분별력을 주옵소서. 저희의 결정을 주님께 맡기고, 주님의 인도하심을 따르며, 정직과 성실로 살아가게 하옵소서. 또한, 주변의 도움이 필요한 사람들에게도 주님의 사랑을 나누며 살아갈 수 있는 마음의 여유를 허락하여 주옵소서.

주님, 이 시간이 저희의 믿음을 더욱 단단하게 하는 시간이 되게 하옵소서. 고난 속에서도 주님의 선하신 계획을 발견하며, 감사와 찬양을 올리는 부부가 되게 하옵소서. 저희가 주님께 드리는 기도와 믿음의 걸음을 통해 주님의 영광을 드러내게 하옵소서.

저희 가정이 어떤 상황 속에서도 주님의 은혜와 보호하심을 경험하며, 다른 사람들에게도 희망과 용기를 나눌 수 있는 축복의 통로가 되게 하옵소서. 저희의 삶을 통해 주님의 사랑과 은혜가 세상에 전해지기를 원합니다.

이 모든 말씀, 저희를 사랑하시며 인도하시는 예수 그리스도의 이름으로 기도드립니다. 아멘.

재정적인 지혜를 구하는 기도

　사랑과 은혜의 하나님 아버지,

　저희 가정을 지키시고 지금까지 모든 필요를 채워 주신 주님의 크신 은혜에 감사드립니다. 주님께서 허락하신 것을 소중히 여기며, 오늘 저희 부부가 재정적인 지혜를 간구합니다.

　하나님, 저희가 가진 모든 것이 주님께로부터 온 것임을 고백합니다. 그 사실을 늘 기억하며 재정을 다룰 때에 주님의 뜻에 따라 올바르게 사용하게 하옵소서. 욕심이나 두려움이 아닌 주님의 말씀에 따라 지혜롭고 성실하게 재정을 관리하는 부부가 되게 하시옵소서.

　저희의 마음을 지켜 주셔서 돈에 대한 지나친 염려나 욕심에 빠지지 않게 하시고, 필요한 것과 원하는 것을 분별하며 균형 있는 결정을 내릴 수 있도록 도와주옵소서. 또한, 저희가 주님의 말씀에 순종하여 먼저 주님의 나라와 의를 구하며, 베풀고 나누는 기쁨을 누리는 삶을 살게 하옵소서.

　재정적인 결정을 내릴 때마다 서로 상의하며 이해하고, 주님께 기도함으로 뜻을 구하는 부부가 되게 하옵소서. 수입과 지출, 저축과 투자의 모든 과정 속에서 주님께서 함께하시고, 저희 가정을 주님의 뜻에 따라 올바로 인도하여 주옵소서.

혹시 재정적인 어려움이 있을지라도 낙심하지 않게 하시고, 주님께서 필요를 채워 주시리라는 믿음으로 기도하며 나아가게 하옵소서. 어려운 상황 속에서도 성실히 일하고, 주님을 의지하는 마음으로 최선을 다하며, 감사하는 삶을 잊지 않게 하옵소서.

하나님, 저희의 재정을 통해 주님의 영광이 드러나게 하시고, 저희 가정이 주님의 복의 통로가 되게 하옵소서. 물질적인 축복뿐 아니라 영적인 풍성함으로 채워 주셔서, 저희가 다른 이들을 섬기며 주님의 사랑을 나누는 삶을 살게 하옵소서.

이 모든 기도를 저희의 선한 목자 되시는 예수 그리스도의 이름으로 드립니다. 아멘.

Part 2

부부의 신앙과
영적 성장

기도와 말씀으로 무장한 부부기도문

전능하신 하나님 아버지,

저희 부부를 주님의 사랑으로 하나 되게 하시고, 삶의 여정 속에서 기도와 말씀으로 무장하여 살아가게 하심에 진심으로 감사를 드립니다. 오늘 이 시간, 저희가 주님의 진리와 능력으로 인해 강건해지고, 믿음의 부부로 세워지기를 간절히 기도드립니다.

주님, 저희 마음 속에 주님의 말씀을 깊이 새기게 하옵소서. 말씀을 통해 주님의 뜻을 깨닫고, 그 말씀을 삶의 기준으로 삼으며 살아가는 부부가 되게 하옵소서. 주님의 진리가 저희 가정을 비추는 빛이 되어, 모든 결정과 행동에서 주님의 뜻에 순종하게 하옵소서.

저희가 기도의 자리를 떠나지 않게 하시고, 함께 기도하며 주님의 음성을 듣는 시간을 소중히 여기게 하옵소서. 매일의 기도 속에서 주님의 평강과 인도하심을 경험하며, 영적 전쟁 속에서도 담대히 승리할 수 있는 힘을 얻게 하옵소서.

특히, 저희 부부가 기도와 말씀을 통해 하나님의 전신갑주를 입게 하시고, 진리의 허리띠, 의의 흉배, 평안의 복음의 신발, 믿음의 방패, 구원의 투구, 성령의 검으로 무장하여 어떤 상황에서도 흔들리지 않게 하옵소서. 저희 가정을 지키는 믿음의 방어막이 되게 하시고, 주님의 능력으로 매 순간 승리하게 하옵소서.

저희 부부의 기도와 말씀이 자녀와 가족과 이웃에게도 선한 영향력을 끼치게 하옵소서. 가정을 넘어 세상 속에서도 주님의 사랑과 진리를 나누며, 기도와 말씀으로 주님의 영광을 드러내는 부부가 되게 하옵소서.

이 모든 말씀, 기도와 말씀의 완전한 본이 되신 예수 그리스도의 이름으로 기도드립니다. 아멘.

기도로 하나되는 부부기도문

사랑의 하나님 아버지,

저희를 하나로 묶어주신 주님의 은혜에 감사드립니다. 결혼이라는 축복된 관계 안에서 저희가 서로 사랑하며, 주님의 뜻을 따라 함께 걸어갈 수 있도록 저희의 삶을 인도해 주심에 감사를 드립니다. 오늘 저희 부부가 기도로 하나 되고, 주님의 임재 안에서 더욱 가까워지기를 간절히 기도드립니다.

주님, 저희가 바쁜 일상 속에서 서로의 마음을 깊이 나누지 못할 때가 있음을 고백합니다. 하지만 저희가 기도의 자리로 나아갈 때, 주님의 사랑 안에서 더욱 가까워지고, 서로를 진정으로 이해하게 되는 은혜를 누리게 하옵소서. 기도를 통해 주님께 마음을 올려드릴 때, 서로를 향한 사랑과 헌신을 다시금 다짐하게 하시고, 주님께서 주신 사명을 깨닫게 하옵소서.

주님, 저희 부부가 함께 기도할 때, 그 시간이 단순한 의무가 아니라 은혜의 순간이 되게 하옵소서. 기도 속에서 서로의 마음을 나누고, 주님 안에서 소망과 힘을 발견하게 하옵소서.

서로의 필요와 아픔을 위해 중보할 때, 사랑과 연민이 더 깊어지게 하시고, 주님의 마음으로 상대를 바라보는 부부가 되게 하옵소서.

저희가 함께 드리는 기도가 저희 가정의 중심이 되게 하옵소서. 세상의 가치와 욕심이 아니라, 주님의 말씀과 진리가 저희 가정의 기초가 되게 하시고, 저희 부부가 항상 주님 안에서 동행하게 하옵소서. 어려움이 닥쳐올 때에도 기도 안에서 주님께 도움을 구하며, 믿음으로 그 모든 것을 이겨낼 수 있도록 힘과 용기를 허락하여 주옵소서.

주님, 기도를 통해 저희가 서로를 더 깊이 이해하게 하시고, 상대의 필요를 채우기 위해 더욱 섬기고 헌신하는 부부가 되게 하옵소서. 기도 중에 주님의 음성을 듣게 하시고, 저희 가정을 향한 주님의 계획을 깨닫게 하시며, 그 뜻을 따라 순종하는 부부가 되게 하옵소서.

주님, 저희의 자녀와 가정을 위해 드리는 기도를 들어주시고, 저희 가정이 주님께서 주시는 평안과 사랑으로 가득 차게 하옵소서. 기도로 하나 되는 부부를 꿈꾸며, 주님 앞에 모든 것을 맡깁니다. 저희의 연약함을 도우시고, 주님 안에서 더욱 단단히 세워지는 부부가 되게 하옵소서.

저희의 삶 속에서 주님의 이름이 높임을 받으시기를 원하며, 예수 그리스도의 이름으로 기도드립니다. 아멘.

믿음의 유산을 남기는 부부기도문

사랑과 은혜가 충만하신 하나님 아버지,

저희를 하나로 묶어주시고, 주님의 은혜로 가정을 이루게 하심에 깊은 감사를 드립니다. 저희 부부가 주님 안에서 충실히 살아가며, 다음 세대에게 믿음의 유산을 남기는 삶을 살 수 있도록 도와주시기를 간절히 기도드립니다.

주님, 저희 가정을 주님의 손에 맡깁니다. 저희가 주님을 사랑하고, 주님의 말씀을 중심에 두며 살아가게 하옵소서. 믿음의 본을 보이는 부부가 되어, 저희 자녀와 후손들이 주님을 사랑하고 섬기는 삶을 살아가게 하옵소서. 저희가 먼저 주님께 순종하며, 삶으로 주님의 진리를 증거하는 부부가 되게 하옵소서.

주님, 저희가 세상의 가치가 아니라 주님의 말씀과 진리로 가정을 세워가게 하옵소서. 자녀와 가족들에게 사랑과 희생, 용서와 은혜를 삶으로 보여주며, 주님의 성품을 닮아가게 하옵소서. 저희의 말과 행동, 선택과 결정이 모두 주님의 뜻에 합당하게 하시고, 가정을 통해 주님의 영광이 드러나게 하옵소서.

특히, 저희가 자녀들에게 기도와 말씀의 삶을 가르칠 수 있도록 도와주시고, 믿음의 본보기가 되게 하옵소서. 주님의 약속과 은혜를 가르치며, 자녀들이 어려운 순간에도 주님을 의지하며 살아갈 수 있도록 저희의 삶 속에서 신앙의 실천을 보여주게 하옵소서.

주님, 저희 부부가 주님의 은혜로 더욱 하나가 되어, 함께 주님의 사명을 이루며 살아가게 하옵소서. 주님의 사랑으로 서로를 격려하며, 믿음 안에서 서로를 도우며, 어려움 속에서도 주님을 바라보며 나아가는 부부가 되게 하옵소서. 저희가 주님의 계획을 따라 살아가며, 그 여정을 통해 가족과 주변에 선한 영향력을 끼치는 부부가 되게 하옵소서.

저희가 이 땅에서의 삶을 마칠 때, 주님 앞에 기쁨으로 설 수 있기를 원합니다. 남겨진 자녀와 후손들이 주님을 사랑하며, 믿음의 길을 이어가는 모습을 보며 감사와 찬양을 드리는 인생이 되게 하옵소서. 저희의 삶이 믿음의 아름다운 유산이 되어, 주님의 나라가 더욱 확장되게 하옵소서.

이 모든 말씀, 저희를 사랑하시고 인도하시는 예수 그리스도의 이름으로 기도드립니다. 아멘.

복음의 증인으로 세워지는 부부기도문(1)

　사랑과 구원의 하나님 아버지,

　저희를 한 가정으로 세우시고, 주님의 뜻 안에서 살아가게 하심에 감사드립니다. 오늘 저희 부부는 주님의 복음을 증거하는 삶을 살기 위해 주님께 기도로 나아갑니다.

　주님, 저희 가정을 복음의 빛을 전하는 통로로 사용하여 주옵소서. 저희의 삶 속에서 주님의 사랑과 진리가 드러나게 하시고, 저희 부부가 함께 주님을 섬기며 복음을 전하는 데에 힘쓰는 동역자가 되게 하옵소서.

　말과 행동으로 복음을 전할 때에 저희에게 지혜와 담대함을 주시고, 사람들에게 진리와 사랑으로 다가설 수 있게 하옵소서. 저희의 삶이 주님을 증언하는 살아 있는 간증이 되게 하시고, 저희 가정을 통해 주님의 선하심과 은혜가 전해지게 하옵소서.

　주님, 복음을 전하는 사역 가운데 어려움과 도전이 찾아올 때에도 주님께서 주시는 힘과 용기로 굳건히 설 수 있도록 도와주시고, 모든 상황 속에서도 주님의 영광을 바라보게 하옵소서. 또한, 서로를 격려하며 믿음 안에서 함께 성장하는 부부가 되게 하시고, 복음을 전하는 길에서 서로의 기둥이 되어주게 하옵소서.

주님께서 허락하신 가정이 복음을 위한 축복의 도구가 되게 하시고, 저희 부부의 사랑과 헌신이 주님의 나라를 세우는 일에 쓰임받게 하옵소서. 이웃과 친구들, 나아가 저희가 만나는 모든 사람들에게 주님의 사랑과 구원의 소식을 전하는 삶을 살아가게 하옵소서.

저희 부부가 복음의 증인으로 부르심받은 것을 기억하며, 날마다 주님의 말씀과 기도로 무장하게 하시고, 모든 것을 주님께 맡기며 감사하는 마음으로 살아가게 하옵소서.

이 모든 기도를 저희를 구원하신 예수 그리스도의 이름으로 드립니다. 아멘.

복음의 증인으로 세워지는 부부기도문(2)

복음의 능력이신 하나님 아버지,

저희를 사랑으로 하나 되게 하시고, 주님의 복음을 나누는 부부로 세워 주심에 감사드립니다. 오늘 이 시간, 저희가 복음의 증인으로 세워져 주님의 이름을 높이며 살아가기를 간절히 기도드립니다.

주님, 저희 부부가 먼저 복음의 능력을 깊이 경험하게 하옵소서. 주님의 사랑과 은혜가 저희의 삶에 뿌리내리게 하시고, 날마다 주님 안에서 새롭게 변화되는 은혜를 누리게 하옵소서. 저희가 받은 복음을 가슴에 새기고, 기쁨으로 전하는 부부가 되게 하옵소서.

저희의 말과 행동이 복음을 증거하는 도구가 되게 하옵소서. 가족과 이웃, 그리고 만나는 모든 사람들에게 주님의 사랑과 진리가 흘러가게 하시고, 저희의 삶이 예수 그리스도의 빛을 반사하는 거룩한 증거가 되게 하옵소서. 작은 친절과 섬김의 행동을 통해 주님의 사랑이 드러나게 하옵소서.

특히, 주님께서 허락하신 기회를 놓치지 않게 하시고, 담대히 복음을 전할 수 있는 용기를 주옵소서. 주님의 지혜로 상황을 분별하며, 상대방의 마음에 복음의 씨앗을 심는 지혜로운 증인이 되게 하옵소서. 또한, 성령의 능력이 저희를 통해 역사하시어 복음의 열매가 맺히게 하옵소서.

주님, 저희 부부가 복음을 전하는 여정 속에서도 서로를 격려하고 지지하게 하옵소서. 서로를 위해 기도하며, 주님의 사명을 함께 감당하는 믿음의 동반자가 되게 하옵소서. 저희의 가정이 복음의 축복이 흐르는 통로가 되기를 원합니다.

저희의 삶이 복음의 증거가 되고, 주님께서 맡겨주신 사명을 충성되게 감당할 수 있도록 늘 인도하여 주옵소서. 이 모든 말씀, 복음의 완성이 되시며 증인이신 예수 그리스도의 이름으로 기도드립니다. 아멘.

선교를 떠나는 선교사를 위한 부부기도문

사랑과 은혜가 충만하신 하나님 아버지,

오늘 주님의 부르심에 순종하여 선교의 길을 떠나는 이 부부를 위해 기도합니다. 주님의 나라와 복음을 위해 귀한 삶을 헌신한 이들의 발걸음을 축복하시고, 가는 길마다 주님의 은혜와 보호하심으로 인도하여 주옵소서.

하나님, 이 부부의 삶이 주님의 사랑을 드러내는 통로가 되게 하시고, 선교지에서 만나는 모든 사람들이 주님을 알게 되는 놀라운 역사가 일어나게 하옵소서. 그들의 입술에 진리의 말씀을 담아 주시고, 그들의 손길이 주님의 사랑으로 섬기는 도구가 되게 하옵소서. 또한, 서로를 향한 사랑과 신뢰가 주님 안에서 더욱 깊어져 그들의 결혼생활이 선교의 자리에서도 빛나는 증거가 되게 하옵소서.

선교지의 환경과 문화가 다를지라도 그들이 겸손한 마음으로 배우고 섬기며, 주님께서 준비하신 길을 발견할 수 있도록 지혜와 분별력을 허락하여 주옵소서. 또한, 예상치 못한 어려움이나 도전에 직면할 때, 이 부부가 주님의 힘과 위로로 인해 민음으로 극복하고 서로를 격려하며 기도로 함께 의지하게 하옵소서.

하나님, 이 부부를 통해 주님의 이름이 높임받고, 그들의 사역이 열매를 맺으며, 선교지에 주님의 사랑이 흘러넘치게 하옵소서. 그들의 기도가 들려지는 곳마다 주님의 평강이 임하고, 그들이 전하는 말씀과 행함을 통해 많은 영혼들이 주님께 돌아오게 하옵소서.

떠나 있는 동안에도 그들의 가정을 주님께서 친히 돌보아주시고, 이들이 서로와 주님께 더욱 가까워지는 시간을 누리게 하옵소서. 또한, 이 부부의 헌신을 통해 주변의 이웃과 교회가 도전받고 주님의 복음에 동참하는 기쁨을 누리게 하옵소서. 돌아오는 날까지 주님의 손길로 지켜주시며, 선교를 통해 주님의 뜻이 온전히 이루어지길 간구합니다.

이 모든 말씀을 우리를 사랑하시고 인도하시는 예수 그리스도의 이름으로 기도드립니다. 아멘.

성령의 열매를 맺는 부부기도문

거룩하신 하나님 아버지,

저희 부부를 사랑으로 하나 되게 하시고, 성령 안에서 함께 살아가게 하심에 감사드립니다. 오늘 이 시간, 저희가 성령의 열매를 맺는 부부가 되기를 소망하며 기도드립니다. 저희의 삶 속에서 주님의 성품이 드러나고, 주님께 영광 돌리는 가정을 이루게 하옵소서.

주님, 저희의 마음을 새롭게 하셔서 성령의 열매인 사랑, 희락, 화평, 오래 참음, 자비, 양선, 충성, 온유, 절제가 저희 가정 속에서 풍성히 열매 맺게 하옵소서. 저희 부부가 먼저 서로를 사랑하며, 주님의 사랑으로 상대를 격려하고 세워주는 부부가 되게 하옵소서.

특히, 삶의 어려움과 갈등 속에서도 화평과 오래 참음을 잃지 않게 하시고, 서로를 향한 자비로운 마음으로 상대의 부족함을 품을 수 있는 은혜를 허락하여 주옵소서. 주님 안에서 인내하며 서로를 더 깊이 이해하고, 용서와 화해의 본이 되는 부부로 살아가게 하옵소서.

저희의 말과 행동 속에서 양선과 충성이 드러나게 하시고, 성령께서 저희의 마음을 다스려 주셔서 온유와 절제로 서로를 존중하며 섬기게 하옵소서. 주님의 뜻 안에서 저희의 가정이 성령의 은혜로 충만하게 하시고, 그 열매를 통해 주위 사람들에게도 주님의 사랑이 전해지게 하옵소서.

주님, 저희 부부가 함께 기도하며 말씀을 묵상할 때 성령의 인도하심을 경험하게 하시고, 저희의 모든 선택과 행동이 주님의 뜻 안에서 이루어지게 하옵소서. 성령의 열매가 저희 부부의 삶 속에 자라나, 가정과 이웃, 그리고 저희가 가는 모든 곳에서 주님의 빛과 소금이 되게 하옵소서.

저희를 통해 자녀와 이웃이 주님의 사랑과 은혜를 깨닫게 하시고, 저희의 삶이 믿음과 소망의 본이 되는 부부가 되게 하옵소서. 성령의 열매로 충만한 가정을 이루어, 저희 가정이 주님의 나라를 확장하는 귀한 도구로 쓰임 받게 하옵소서.

이 모든 말씀, 성령의 열매를 맺게 하시는 예수 그리스도의 이름으로 기도드립니다. 아멘.

신앙의 본이 되는 부부기도문

거룩하신 하나님 아버지,

저희 부부를 사랑으로 묶어주시고, 주님의 뜻 안에서 가정을 세워갈 수 있도록 은혜를 베풀어 주심에 감사드립니다. 오늘 저희가 주님 앞에 나아와 간절히 기도합니다. 저희 부부가 주님의 사랑과 말씀을 따라 살아가며, 신앙의 본이 되는 삶을 살기를 간구합니다.

주님, 저희의 삶을 주님의 손에 맡깁니다. 매 순간 주님의 뜻을 구하며, 말씀과 기도로 주님과 동행하는 부부가 되게 하옵소서. 저희의 선택과 행동이 주님의 진리를 드러내는 삶이 되게 하시고, 그를 통해 주위 사람들에게 선한 영향력을 끼칠 수 있도록 인도하여 주옵소서.

저희가 서로를 사랑할 때, 주님의 사랑을 닮아가게 하옵소서. 조건 없이 사랑하고 섬기는 모습을 통해, 주님께서 저희에게 베풀어 주신 사랑과 은혜를 증거하게 하옵소서. 저희의 관계 속에서 주님의 평화와 기쁨이 드러나게 하시고, 그로 인해 가정이 믿음 안에서 견고히 세워지게 하옵소서.

주님, 저희가 어려움과 도전 앞에서도 주님을 의지하며 흔들리지 않는 믿음을 갖게 하옵소서. 갈등과 문제를 만날 때, 서로의 연약함을 탓하지 않고, 주님께 기도하며 해결의 길을 찾는 지혜를 허락하여 주옵소서. 어려움 속에서도 감사와 찬양을 잃지 않게 하시고, 주님께서 주시는 평안으로 가정을 지켜 주옵소서.

특히, 자녀와 이웃들에게 신앙의 본을 보이는 부부가 되게 하옵소서. 말뿐 아니라 행동으로 주님의 가르침을 실천하며, 저희들의 삶 속에 주님의 사랑과 진리가 전해지게 하옵소서. 저희의 믿음이 세대와 세대를 이어가는 축복의 유산이 되게 하옵소서.

주님, 저희 부부가 가는 모든 길을 주님께서 인도하시고, 삶의 모든 영역에서 주님의 영광을 나타내게 하옵소서. 세상 속에서도 믿음을 지키며, 주님을 높이고 따르는 부부가 되게 하옵소서. 저희를 통해 주님의 빛이 드러나고, 많은 이들이 주님께로 돌아오는 축복을 허락하여 주옵소서.

이 모든 말씀, 저희의 삶의 주인이시며 완전한 본이 되신 예수 그리스도의 이름으로 기도드립니다. 아멘.

신뢰를 쌓아가는 부부기도문(1)

사랑의 하나님,

오늘도 저희 부부를 하나로 묶어주시는 은혜에 감사합니다. 서로 다른 환경과 성격 속에서 만났지만, 주님의 뜻 안에서 하나로 세워지기를 간구합니다.

주님, 우리 마음 속에 있는 두려움과 의심을 거두어 주시고, 대신 서로를 온전히 신뢰할 수 있는 마음을 허락하여 주옵소서. 상대방의 부족함을 보며 실망하거나 비난하기보다는, 그 모든 약점을 품어줄 수 있는 사랑과 용기를 주시기를 간구합니다.

주님께서 우리의 관계의 기초가 되어주시기를 바랍니다. 진리 안에서 정직하게 말하고, 진실된 마음으로 서로를 대하며, 서로를 더 깊이 알아갈 수 있는 지혜를 주옵소서. 말과 행동이 서로에게 믿음을 주는 씨앗이 되게 하시고, 작은 약속 하나도 소중히 여기며 지키는 부부가 되게 하옵소서.

주님, 때로는 오해와 다툼이 찾아올 때도 있습니다. 그럴 때마다 서로를 탓하기보다 이해하고 용서하는 법을 배우게 하옵소서. 화해의 손길을 먼저 내밀게 하시고, 우리의 관계를 더욱 단단하게 만드는 기회로 삼게 도와주소서.

서로를 향한 신뢰가 깊어질수록 주님께서 주시는 사랑을 더 풍성히 경험할 수 있음을 믿습니다. 주님의 사랑이 우리의 삶에 충만하여, 그 사랑이 가족과 이웃에게도 흘러가게 하옵소서.

우리를 묶어주신 하나님의 계획을 믿으며, 우리의 삶 속에서 그 사랑의 열매가 자라도록 끝까지 인내하며 걸어가겠습니다.

이 모든 기도를 우리 주 예수 그리스도의 이름으로 드립니다. 아멘.

신뢰를 쌓아가는 부부기도문(2)

신뢰의 근원이신 하나님 아버지,

저희를 주님의 사랑으로 하나 되게 하시고, 서로를 존중하며 신뢰를 쌓아갈 수 있는 은혜를 허락하심에 감사드립니다. 오늘 이 시간, 저희 부부가 주님의 인도하심 속에서 더욱 깊은 신뢰를 쌓아가는 부부가 되기를 소망하며 기도드립니다.

주님, 저희가 서로에게 신뢰를 주고 받을 수 있는 관계가 되게 하옵소서. 작은 약속을 지키고, 말과 행동이 일치하는 부부가 되게 하시며, 서로에게 항상 진실되고 투명하게 살아갈 수 있도록 도와주시기를 기도드립니다. 저희의 마음과 마음이 열리고, 상대방을 의심하지 않고 온전히 믿을 수 있는 신뢰의 기초를 다지게 하옵소서.

주님, 저희가 신뢰를 쌓아가는 과정 속에서 인내와 겸손을 배우게 하옵소서. 서로의 실수와 약점을 이해하고, 고백과 용서를 통해 관계가 더욱 깊어지도록 인도하여 주옵소서. 갈등과 오해가 있을 때에도 신뢰를 잃지 않게 하시고, 믿음으로 상대방을 바라보며, 해결의 길을 찾게 하옵소서.

저희가 주님의 사랑을 본받아 서로에게 신뢰를 주며, 그 신뢰가 저희 관계의 기초가 되어 더욱 견고한 부부의 연합을 이루게 하옵소서. 주님께서 주신 믿음과 사랑으로 서로를 격려하고 세워가며, 신뢰가 넘치는 가정을 이루게 하옵소서.

특히, 저희가 서로의 말과 행동으로 사랑을 실천하며, 진실된 마음으로 서로를 향한 신뢰를 더욱 깊이 쌓아가게 하옵소서. 저희의 신뢰가 단지 인간적인 것이 아니라, 주님을 향한 믿음 위에 세워져, 그 신뢰가 주님의 영광을 나타내는 도구가 되게 하옵소서.

이 모든 말씀, 신뢰와 믿음의 완전한 본이 되시는 예수 그리스도의 이름으로 기도드립니다. 아멘.

예배에 헌신하는 부부기도문

거룩하신 하나님 아버지,

저희를 주님의 은혜로 하나 되게 하시고, 함께 예배드릴 수 있는 축복을 주심에 감사드립니다. 오늘 이 시간, 저희 부부가 주님께 드리는 예배를 삶의 중심에 두고, 예배를 통해 주님께 영광 돌리는 부부가 되기를 소망하며 기도드립니다.

주님, 저희 마음이 예배를 향한 열정으로 가득 차게 하옵소서. 세상의 분주함 속에서도 예배를 최우선으로 여기며, 언제 어디서나 주님께 찬양과 경배를 드릴 수 있는 헌신된 마음을 허락하여 주옵소서. 예배의 시간이 저희에게 기쁨과 힘이 되게 하시고, 주님께 나아가는 통로가 되게 하옵소서.

저희 부부가 함께 예배드릴 때, 주님의 임재를 깊이 경험하게 하옵소서. 예배 속에서 주님의 말씀과 진리를 깨닫고, 그 말씀을 따라 삶을 변화시키는 부부가 되게 하옵소서. 찬양과 기도를 통해 주님과 더 가까워지며, 예배 속에서 주님의 뜻을 분별하게 하옵소서.

특히, 저희의 예배가 단지 형식에 머물지 않고, 온 마음과 정성을 다해 드리는 살아 있는 예배가 되게 하옵소서. 예배를 통해 주님을 더 깊이 사랑하며, 그 사랑을 서로에게 나누고, 세상으로 흘려보내는 부부가 되게 하옵소서.

주님, 예배에 헌신하는 저희 부부의 모습을 통해 자녀와 이웃이 주님의 은혜를 보게 하시고, 믿음의 본이 되는 가정이 되게 하옵소서. 예배를 통해 저희 가정이 주님의 사랑과 진리가 가득한 축복의 통로가 되기를 간절히 원합니다.

저희의 예배가 주님께 기쁨이 되기를 소망하며, 모든 것을 주님께 맡깁니다. 저희의 삶 전체가 예배가 되어, 주님께 영광 돌리는 부부로 살아가게 하옵소서.

이 모든 말씀, 저희의 참된 예배를 받으시는 예수 그리스도의 이름으로 기도드립니다. 아멘.

영적 전쟁에서 승리하는 부부기도문(1)

    사랑과 전능하신 하나님 아버지,

    오늘 이 시간, 주님의 이름을 높이며 우리 부부는 영적 전쟁의 전장에서 하나로 연합하여 기도드립니다. 세상의 어둠과 혼돈 가운데서도 주님의 빛과 권능이 우리의 길을 인도하시고, 마귀의 궤계와 유혹 앞에 굳건히 설 수 있도록 하나님의 전신갑주를 입게 하여 주시옵소서.

    주님께서 성경 말씀(에베소서 6:10-18)으로 명하신 대로, 우리는 믿음의 방패와 구원의 투구, 성령의 검, 그리고 진리의 띠를 착용하고 모든 악의 공격을 대적할 준비가 되었음을 고백합니다.

    저희 부부의 마음속에 주님의 사랑이 가득하여, 서로에게 기도와 격려, 그리고 따뜻한 위로가 되어 주님의 은혜를 나타내게 하시옵소서. 오늘 우리 가정에 다가오는 영적 전투의 순간마다, 두려움과 의심이 아닌 주님의 확고하신 약속 "두려워하지 말라"(이사야 41:10)를 기억하게 하시고, 우리가 서로의 손을 잡고 주님의 인도하심을 따르며, 어떠한 악의 세력도 우리 사이에 들어오지 못하도록 보호하여 주시옵소서.

또한, 우리 각자의 연약함과 부족함을 주님의 자비로 덮어주시고, 서로의 약점을 강함으로 변화시키는 기적을 우리 삶 속에 나타내 주시기를 간절히 기도합니다.

주님, 우리의 부부 기도가 하늘에 닿아 마귀의 계략을 무너뜨리고, 주님의 성령의 능력으로 우리의 모든 영적 전투에서 승리하게 하여 주옵소서.

전능하신 주님,

영적 전쟁은 단순한 외적 싸움이 아니라 우리 마음 깊은 곳에서 벌어지는 내면의 전투임을 깨닫게 하소서. 우리가 때로는 의심과 불안, 그리고 세상의 유혹에 흔들릴 때마다, 주님의 말씀과 기도의 힘으로 다시 일어서며, 서로를 격려하고 지지하는 부부로서 단단히 서 있을 수 있도록 도와주시옵소서. 저희 부부가 함께 드리는 기도는 주님께서 보내주신 귀한 무기가 되어, 마귀의 음모를 분쇄하고 우리 가정에 평안과 안전을 선사합니다.

주님, 매일 아침 눈을 뜨며, 주님의 전신갑주를 마음에 새기고 서로에게 "주님 안에서 우리는 강하다"라는 믿음의 선언을 나누게 하여 주시옵소서. 또한, 저희 부부의 삶에 세상의 악과 거짓이 침투하지 못하도록, 주님의 성령으로 우리 가정을 감싸주시고, 매 순간 주님의 도우심을 체험하게 하여 주시옵소서. 우리의 기도와 찬양이 하늘의 군대와 함께 어우러져, 악의 세력이 우리 주변에서 물러나고 오직 주님의 빛만이 비추이도록 인도하여 주옵소서.

주님, 우리의 연약함을 강함으로 변화시키시며, 서로에게 성실한 기도의 동반자가 되어 주시고, 하나님의 말씀 안에서 서로를 세워주는 귀한 사랑의 동맹을 이루게 하여, 영적 전쟁의 모든 순간에 주님의 능력으로 승리하게 하소서.

사랑하는 주님,

부부의 결혼 생활은 단순한 두 사람의 만남을 넘어, 하나님께서 허락하신 거룩한 동맹임을 믿습니다. 영적 전쟁 속에서도 서로에 대한 사랑과 신뢰를 잃지 않고, 주님의 인도하심에 따라 함께 기도하며 주님의 뜻을 따르는 참된 동반자로 성장해 나갈 수 있도록 축복하여 주시옵소서.

우리가 서로에게 보내는 기도와 찬양이 주님의 귀한 선물로, 어떠한 영적 공격 앞에서도 우리의 마음을 하나로 묶어, 주님의 전신갑주가 우리 가정을 완전하게 감싸게 하시고, 마귀의 음모가 우리 사랑의 결속을 깨뜨리지 못하도록 지켜 주시옵소서. 또한, 저희 부부가 서로를 바라볼 때마다 주님의 무한하신 사랑과 자비가 비춰지기를 원합니다. 우리의 삶 속에서 주님의 말씀과 기도의 힘으로, 세상의 부정과 악을 극복하고, 주님의 영광을 드러내는 승리의 증인으로 살아가게 하여 주시길 간절히 기도드립니다.

주님, 우리의 가정에 주어진 이 영적 전쟁의 시간들이 우리의 믿음과 사랑을 더욱 굳건하게 하는 귀한 훈련의 시간이 되게 하시며, 예수 그리스도의 이름으로 우리가 외치는 "승리, 승리, 승리!" 이 선언이 우리의 삶과 가정을 향한 주님의 보호와 인도하심으로 항상 이어지기를 기원합니다.

이 모든 간구와 기도를, 우리 구주 예수 그리스도의 이름으로 간절히 드리며, 영원토록 주님의 나라와 의를 구하는 삶 속에서 모든 영적 전투에서 승리하는 부부가 되게 하여 주시옵소서.

아멘.

영적 전쟁에서 승리하는 부부기도문(2)

사랑과 자비의 주님,

우리의 피난처이시며 강함의 근원이신 하나님, 오늘 이 시간 저희 부부는 주님의 무한하신 은혜와 보호하심을 간구하며, 영적 전쟁의 전선에 서 있는 우리의 가정과 삶을 주님께 올려드립니다.

세상의 어둠과 마귀의 계략 속에서도 주님의 전신갑주를 입고 굳건히 서게 하시며, "마귀에게 복종하지 말라"는 주님의 명령을 온전히 따르는 믿음의 동반자로 우리를 인도하여 주시옵소서. 저희 부부는 주님 안에서 하나로 결합된 귀한 동역자입니다. 서로에 대한 사랑과 신뢰가 주님의 은총으로 더욱 깊어져, 어떠한 영적 공격과 유혹도 결속을 흐트러뜨릴 수 없음을 믿습니다. 우리의 기도가 하늘에 닿아, 주님의 전능하신 힘으로 모든 악의 세력이 무너지고, 우리 가정에 주님의 평안과 승리의 소망이 충만하게 임하도록 도와주옵소서.

주님, 우리의 마음 깊은 곳에 자리한 두려움과 의심, 그리고 세상의 불신이 주님의 진리와 사랑으로 깨끗이 씻겨나가게 하시고, 저희 부부가 매 순간 주님의 말씀에 의지하여 서로를 격려하며 주님의 은혜 안에서 하나 되어 싸울 수 있는 용기와 지혜를 허락하여 주시옵소서. 또한, 우리의 생각과 마음을 주님의 빛으로 채워 주시어, 세상의 허망한 유혹에 흔들리지 않고 오직 주님의 진리와 정의를 붙드는 굳건한 믿음의 전사들이 되게 하시며, "내가 세상 끝날까지 너희와 함께 있으리라"(마태복음 28:20)의 주님의 약속을 붙들고 영원한 승리의 길로 인도하여 주시길 간절히 기도드립니다.

전능하신 하나님,

저희 부부의 내면에서도 때로는 불안과 분열, 그리고 상처의 그림자가 드리워질 때가 있음을 고백합니다. 그러나 주님의 약속 "두려워 말라, 내가 너와 함께하리라"를 믿고, 서로에게 따뜻한 위로와 용기의 말씀을 전하며 주님의 치유와 회복의 손길을 나눌 수 있도록 우리의 마음을 새롭게 하여 주시옵소서. 우리의 기도는 단순한 말이 아니라, 주님의 성령의 도우심 아래 마귀의 거짓과 유혹을 분쇄하는 귀한 무기가 됨을 믿습니다. 부부가 함께 드리는 이 기도의 울림이 하늘에 닿아, 주님의 전능하신 권능으로 모든 영적 공격을 물리치고, 저희 가정 안에 주님의 사랑과 평화가 가득하도록 축복해 주시길 원합니다.

주님, 우리의 삶의 자리마다 주님의 인도하심이 함께 하여, 각자의 연약함 속에 자리한 자만심, 불신, 그리고 상처가 주님의 진리와 은혜로 변화되어 서로를 더욱 굳건하게 이어주는 축복의 다리가 되게 하여 주시옵소서. 저희 부부가 서로의 마음을 열어, 주님의 말씀을 중심으로 진실한 소통과 기도의 동행을 이루며 영원한 승리의 증인이 되어 세상의 어둠을 밝히게 하소서.

또한, 주님, 우리의 가정과 일상의 모든 영역에 주님의 전신갑주가 완전하게 입혀져, 어떠한 악의 계략과 영적 공격 앞에서도 주님의 강력한 보호와 인도하심을 온전히 체험하게 하시며, 우리의 기도와 찬양이 하늘의 군대와 함께 어우러져 승리의 노래가 울려 퍼지도록 인도하여 주시옵소서.

은혜로우신 주님,

오늘 이 부부 기도를 통해 우리 모두가 주님의 귀한 계획과 "승리하리라"는 약속을 다시 한 번 마음에 새기게 하여 주시옵소서. 우리 부부가 주님의 성령의 인도하심 아래 서로의 아픔을 감싸 안으며, 상처를 치유하는 도구가 되어, 세상의 모든 영적 전투 속에서 주님의 승리의 증거로 빛나게 하여 주시길 원합니다.

주님, 우리의 기도와 찬양이 하나 되어 주님의 이름을 높이고, 세상의 모든 악을 물리치는 강력한 힘이 되어 우리 부부와 가정에 임하게 하시며, "너희 안에 내 평안을 누리라"(요한복음 14:27)의 주님의 말씀을 우리 삶 속에 온전히 체험하게 하여 주시옵소서. 우리 부부는 주님의 도우심으로, 매일의 영적 전투에서 서로를 위한 기도의 동반자가 되어, 어떠한 역경과 시련 앞에서도 흔들리지 않는 믿음과 주님의 진리 위에 굳건히 서는 전사들이 되기를 원합니다. 우리의 연약함은 주님의 강함으로 변화되고, 우리의 상처는 주님의 치유로 빛나게 하여, 세상의 모든 어둠 속에서도 주님의 사랑과 은총이 흐르도록 우리 가정을 축복하여 주시옵소서.

사랑하는 주님, 저희 부부가 서로를 바라볼 때마다 주님의 무한하신 사랑이 눈부시게 드러나며, 우리의 모든 생각과 말, 그리고 행동이 주님의 뜻을 이루는 도구가 되어, 세상의 모든 영적 싸움에서 주님의 승리의 증거로 살아가게 하여 주시옵소서. 우리의 삶이 주님의 영광을 선포하는 거룩한 전장으로 변화되어, 모든 악의 세력이 주님의 빛 앞에 무릎을 꿇게 되는 영원한 승리의 이야기가 되게 하여 주시길 간절히 기도드립니다.

이 모든 간구를, 우리 구주 예수 그리스도의 이름으로 올려드리며, 주님의 영원한 사랑과 보호가 우리 부부와 가정에 항상 임하여, 우리가 세상의 모든 영적 전투에서 승리하는 참된 증인으로 살아가게 하여 주시옵소서. 아멘.

영적인 리더십을 나누는 부부기도문

거룩하신 하나님 아버지,

저희를 주님의 은혜로 하나 되게 하시고, 가정 안에서 서로를 섬기며 주님의 뜻을 이루어 가도록 부르심에 감사드립니다. 오늘 저희가 주님 앞에 기도드립니다. 저희 부부가 가정과 삶 속에서 영적인 리더십을 나누며 주님의 영광을 드러내는 동반자가 되게 하옵소서.

주님, 저희 부부에게 주님의 말씀과 진리를 사랑하는 마음을 심어 주옵소서. 저희가 먼저 주님과 깊은 관계를 맺으며, 말씀과 기도로 저희의 믿음을 세우게 하옵소서. 서로가 영적으로 성장하도록 격려하며, 주님의 뜻을 깨닫고 실천하는 부부가 되게 하옵소서.

특히, 저희가 가정 안에서 영적인 리더십을 함께 나누는 부부가 되게 하옵소서. 자녀들에게 신앙의 본이 되며, 말씀의 가르침을 전하며, 기도로 가정을 세워가는 부모가 되게 하옵소서. 서로의 강점을 인정하고 부족함을 채우며, 주님의 사랑 안에서 조화를 이루는 리더십을 발휘하게 하옵소서.

주님, 저희가 겸손한 리더로 살아가게 하옵소서. 주님의 지혜와 사랑을 따라 서로를 섬기며, 자신을 낮추어 상대를 세워주는 부부가 되게 하옵소서. 영적인 리더십이 권위가 아닌 섬김으로 드러나게 하시고, 주님의 뜻을 이룰 수 있는 도구로 사용되게 하옵소서.

저희 부부의 삶이 영적인 리더십의 아름다운 열매를 맺게 하옵소서. 저희 가정이 주님께 드리는 예배의 자리에서 하나가 되게 하시고, 주님의 사명을 이루기 위해 동역자가 되게 하옵소서. 또한, 저희의 리더십이 가정을 넘어 이웃과 공동체로 확장되어 주님의 사랑과 진리를 전하는 통로가 되게 하옵소서.

주님께서 저희에게 맡기신 사명을 기쁨으로 감당하며, 삶의 모든 순간 속에서 주님의 이름을 높이는 부부가 되게 하옵소서. 저희의 리더십이 주님의 영광을 나타내는 도구가 되기를 간절히 소망하며, 모든 것을 주님께 의탁합니다.

이 모든 말씀, 저희의 완전한 리더이신 예수 그리스도의 이름으로 기도드립니다. 아멘.

용서를 배우는 부부기도문

용서와 화해의 하나님 아버지,

저희 부부를 하나로 묶어주시고, 주님의 사랑으로 서로를 품고 살아가게 하심에 감사드립니다. 하지만 저희가 종종 서로에게 상처를 주고 받으며, 그 아픔으로 인해 멀어질 때도 있음을 고백합니다. 오늘 이 시간, 저희가 용서를 배우고 실천하는 부부가 되기를 소망하며 기도드립니다.

주님, 저희의 마음을 열어 주옵소서. 상대의 잘못을 정죄하기보다, 주님께서 저희를 용서하신 그 큰 사랑을 기억하며 용서의 마음을 품게 하옵소서. 주님께서 저희의 연약함을 이해하시고 품어주셨듯이, 저희도 서로의 부족함을 인정하고 받아들이게 하옵소서.

특히, 자존심이나 오해로 인해 화해를 주저하지 않게 하옵소서. 저희가 먼저 손을 내밀어 화해를 청하며, 용서가 두려움이 아닌 회복과 기쁨의 시작임을 깨닫게 하옵소서. 주님의 사랑이 저희를 통해 흘러 서로의 마음을 치유하고, 더 깊은 신뢰와 사랑을 쌓아가게 하옵소서.

주님, 용서는 힘든 결단일 때가 많습니다. 그러나 저희가 주님의 힘과 지혜를 의지하여 용기를 내게 하시고, 용서를 통해 더 큰 자유와 평화를 누리게 하옵소서. 저희의 관계 속에서 쓴 뿌리를 뽑아내시고, 그 자리에 주님의 사랑과 은혜가 뿌리내리게 하옵소서.

저희가 용서를 배울 때, 그것이 단지 말뿐이 아니라 행동으로 이어지게 하옵소서. 서로를 진심으로 위로하고, 배려하며, 상대방의 아픔을 함께 짊어질 수 있는 부부가 되게 하옵소서. 용서를 통해 저희 관계가 회복될 뿐만 아니라, 더 깊은 사랑의 연합을 이루게 하옵소서.

주님, 저희가 용서를 배우고 실천함으로써, 가정뿐 아니라 주변 사람들에게도 주님의 사랑을 전할 수 있게 하옵소서. 저희 부부의 삶이 용서와 화해의 본이 되어, 주님께 영광을 돌리는 가정이 되게 하옵소서.

이 모든 말씀, 저희를 끝까지 용서하시고 사랑하신 예수 그리스도의 이름으로 기도드립니다. 아멘.

전도와 선교에 힘쓰는 부부기도문

복음의 주님,

저희 부부를 주님의 사랑으로 하나 되게 하시고, 주님의 복음을 위해 함께 살아가게 하심에 감사드립니다. 오늘 이 시간, 저희 부부가 전도와 선교에 힘쓰는 동역자가 되기를 소망하며 기도드립니다. 저희를 주님의 도구로 사용하시고, 복음의 빛을 전하는 부부로 세워 주옵소서.

주님, 저희의 마음에 주님의 사랑을 가득 채워 주옵소서. 복음을 전하고자 하는 열정을 부어 주시고, 저희가 가는 모든 곳에서 주님의 사랑과 진리가 흘러가게 하옵소서. 말과 행동으로 주님의 복음을 전하며, 다른 이들에게 주님의 선하심을 증거하게 하옵소서.

저희가 복음을 전하는 과정에서 담대함과 지혜를 주옵소서. 주님께서 허락하신 기회를 잘 분별하며, 각 사람의 상황에 맞게 복음을 나눌 수 있는 지혜로운 부부가 되게 하옵소서. 동시에, 주님의 성령이 저희의 말을 통해 역사하시고, 복음이 전해지는 곳마다 영혼들이 주님께 돌아오는 역사가 일어나게 하옵소서.

주님, 선교와 전도의 여정이 때로는 어려움과 도전으로 가득할지라도, 그 길에서 주님을 더욱 의지하게 하시고, 저희의 믿음이 더욱 깊어지게 하옵소서. 피곤한 순간에도 주님께서 주시는 힘으로 다시 일어서게 하시고, 기쁨으로 복음을 전하는 부부가 되게 하옵소서.

특히, 저희가 가정에서도 복음의 중심이 되게 하옵소서. 자녀들에게 복음의 가치를 가르치고, 이웃들에게 주님의 사랑을 나누며, 작은 선교의 현장으로 가정을 세워가게 하옵소서. 저희 가정이 전도의 축복과 선교의 열매를 맺는 귀한 통로가 되게 하옵소서.

주님, 저희 부부가 함께 기도하며, 주님께 맡겨주신 선교의 사명을 이루는 데 충성된 종이 되게 하옵소서. 저희를 통해 주님의 복음이 온 땅에 전해지고, 주님의 이름이 영광받으시기를 간절히 원합니다.

이 모든 말씀, 주님께서 명하신 선교의 사명을 이루신 예수 그리스도의 이름으로 기도드립니다. 아멘.

주님 안에서 성장하는 부부기도문

사랑과 은혜가 충만하신 하나님 아버지,

저희 부부를 사랑으로 묶어주시고, 주님 안에서 하나 되게 하심에 감사드립니다. 주님의 인도하심 아래 저희가 믿음과 사랑으로 함께 성장하는 부부가 되기를 소망하며 이 기도를 드립니다.

주님, 저희가 부부로서 걸어가는 모든 여정에서 주님을 가장 중심에 모시게 하옵소서. 세상의 가치와 소리에 흔들리지 않고, 주님의 말씀과 진리를 따라 살아가며, 매일 주님과 더 가까워지는 부부가 되게 하옵소서. 주님 안에서 성장하며 성숙한 사랑을 이루어가는 저희가 되기를 원합니다.

주님, 저희가 서로를 향한 사랑을 새롭게 하여 주시고, 작은 일에도 감사와 기쁨을 나누는 부부가 되게 하옵소서. 갈등이 생길 때마다 주님께서 허락하신 은혜를 기억하며, 용서와 화해로 다시 하나가 되게 하옵소서. 저희의 연약함을 주님께 내어드리고, 주님의 은혜로 채워져 서로를 더 깊이 사랑하고 이해하게 하옵소서.

주님, 저희가 주님의 말씀 안에서 함께 성장하기를 원합니다. 말씀을 읽고 묵상하며 기도할 때, 성령님께서 저희 마음을 새롭게 하시고, 저희의 생각과 행동이 주님을 닮아가게 하옵소서. 기도의 자리에서 서로의 필요와 아픔을 나누며, 함께 중보할 때에 사랑이 더욱 깊어지게 하옵소서.

저희가 성장하는 과정에서 서로에게 영적인 동반자가 되게 하옵소서. 서로를 위해 기도하며 격려하고, 믿음의 여정을 함께 걸어가는 동역자가 되게 하옵소서. 저희가 함께 주님의 뜻을 이루는 삶을 살아가며, 주님의 나라와 영광을 위해 쓰임 받는 가정이 되게 하옵소서.

주님, 저희의 성장이 단지 저희만을 위한 것이 아니게 하옵소서. 저희를 통해 자녀와 저희 주변 사람들에게 주님의 사랑이 흘러가게 하시고, 저희의 삶이 주님의 은혜를 증거하는 통로가 되게 하옵소서. 저희가 빛과 소금의 역할을 감당하며, 주님의 이름을 높이는 삶을 살아가게 하옵소서.

이 모든 순간 주님께서 함께하시며, 저희가 주님을 의지하여 모든 것을 이루어가게 하옵소서. 주님 안에서 자라나는 저희의 믿음과 사랑이 날마다 풍성해지길 간구하며, 이 모든 말씀 우리 주 예수 그리스도의 이름으로 기도드립니다. 아멘.

주님의 뜻을 분별하는 부부기도문

지혜와 인도하심의 하나님 아버지,

저희 부부를 사랑으로 하나 되게 하시고, 주님의 은혜 안에서 함께 살아가게 하심에 감사드립니다. 오늘 이 시간, 저희가 주님의 뜻을 바르게 분별하며 살아가는 부부가 되기를 간절히 기도드립니다.

주님, 세상의 소음과 혼란 속에서도 저희가 주님의 음성을 듣게 하옵소서. 저희의 마음과 생각을 주님의 말씀으로 채우시고, 어떤 상황에서도 주님의 뜻을 분별하는 지혜를 허락하여 주옵소서. 저희가 기도와 묵상을 통해 주님의 계획을 깨닫고, 그 뜻을 따라 겸손히 걸어가게 하옵소서.

주님, 저희 부부가 중요한 결정의 순간마다 주님의 뜻을 먼저 구하게 하시고, 자신의 욕심이나 두려움이 아닌 주님의 진리로 선택하게 하옵소서. 때로는 이해하기 어려운 길을 만나더라도, 주님께서 가장 선한 길로 인도하심을 믿으며 순종하게 하옵소서.

특히, 서로의 의견이 다를 때에도 주님의 뜻을 구하며 하나되는 지혜를 주옵소서. 갈등과 혼란 속에서도 서로를 존중하며, 기도로 주님께 의지하고 하나님의 뜻을 따라 화합을 이루는 부부가 되게 하옵소서.

주님, 저희가 주님의 뜻을 분별할 뿐만 아니라, 그 뜻에 순종하며 살아가게 하옵소서. 작은 일에도 주님의 영광을 바라보며, 주님께서 주신 사명을 충성되게 감당하는 부부가 되게 하옵소서. 저희의 삶을 통해 주님의 선하심과 사랑이 드러나게 하시고, 믿음의 본이 되는 가정을 이루게 하옵소서.

저희의 모든 길을 주님께 맡깁니다. 저희의 걸음걸음을 인도하시고, 어떤 상황에서도 주님의 계획을 신뢰하며 나아가게 하옵소서. 주님께서 저희의 삶에 이루실 놀라운 일들을 기대하며, 모든 영광을 주님께 올려드립니다.

이 모든 말씀, 저희를 사랑하시며 인도하시는 예수 그리스도의 이름으로 기도드립니다. 아멘.

주님의 말씀을 따르는 부부기도문

거룩하신 하나님 아버지,

저희 부부를 주님의 은혜로 하나 되게 하시고, 주님의 말씀 안에서 함께 살아가게 하심에 감사드립니다. 오늘 저희가 주님 앞에 나아와 기도합니다. 저희 부부가 주님의 말씀을 따라 살아가는 삶을 살며, 믿음의 길을 함께 걷기를 간절히 소망합니다.

주님, 저희의 마음을 주님의 말씀으로 채워 주옵소서. 세상의 소리에 흔들리지 않고, 오직 주님의 진리와 가르침을 따라 바르게 살아가게 하옵소서. 주님의 말씀을 저희 가정의 기준으로 삼고, 모든 결정과 선택에서 주님의 뜻을 구하며 순종하게 하옵소서.

저희 부부가 말씀을 함께 읽고 묵상하며, 그 안에서 주님의 음성을 듣게 하옵소서. 말씀 속에서 서로를 더욱 사랑하고 이해하며, 믿음과 사랑의 관계로 더욱 깊이 연결되게 하옵소서. 말씀을 나누는 시간이 저희 가정의 중심이 되어, 주님의 은혜가 가득한 삶을 살게 하옵소서.

주님, 저희의 발걸음을 말씀으로 인도하여 주옵소서. 어려움과 유혹 속에서도 주님의 말씀을 기억하며, 믿음으로 이겨내는 부부가 되게 하옵소서. 저희의 연약함을 주님께 맡기고, 말씀 안에서 새 힘을 얻으며, 매 순간 주님을 의지하게 하옵소서.

특히, 저희 부부가 주님의 말씀을 삶으로 실천하게 하옵소서. 말씀이 저희의 행동과 태도 속에 드러나며, 이웃과 자녀들에게 주님의 사랑과 진리를 증거하는 부부가 되게 하옵소서. 저희 가정을 통해 주님의 나라가 확장되며, 주님의 이름이 영광받으시기를 원합니다.

저희가 주님의 말씀을 더욱 사랑하며, 그 말씀 안에서 살아갈 때 주님께서 저희의 길을 축복하시고, 평안과 기쁨으로 채워 주실 줄 믿습니다. 저희를 주님의 뜻에 합당한 부부로 세워 주옵소서.

이 모든 말씀, 진리이신 예수 그리스도의 이름으로 기도드립니다. 아멘.

하나님 말씀에 뿌리를 내린 부부기도문

변함없는 진리의 하나님 아버지,

저희를 주님의 은혜로 하나 되게 하시고, 함께 주님의 말씀 안에서 살아갈 수 있는 축복을 주심에 감사드립니다. 오늘 저희가 주님 앞에 기도드립니다. 저희 부부가 하나님의 말씀에 깊이 뿌리를 내리고, 그 말씀을 삶의 기초로 삼는 부부가 되게 하옵소서.

주님, 저희의 마음을 열어 주셔서 주님의 말씀을 갈망하고 사랑하게 하옵소서. 저희가 매일 말씀을 읽고 묵상하며, 그 말씀 속에서 주님의 뜻과 지혜를 깨닫게 하시고, 말씀을 따라 살아가는 믿음의 부부가 되게 하옵소서.

저희의 생각과 행동이 주님의 말씀에 뿌리를 두고 성장하게 하옵소서. 말씀을 통해 저희의 관계가 변화되고, 사랑과 인내, 용서와 섬김이 넘치는 부부가 되게 하옵소서. 어려움과 시험이 찾아올 때에도 주님의 진리 위에 굳건히 서서, 흔들리지 않는 믿음을 갖게 하옵소서.

주님, 저희가 가정의 모든 결정과 선택에서 주님의 말씀을 기준으로 삼게 하옵소서. 세상의 가치가 아닌 주님의 진리를 따라 살며, 주님께서 기뻐하시는 삶을 살아가게 하옵소서. 또한, 말씀의 능력을 경험하며, 그 말씀으로 서로를 격려하고 세워주는 부부가 되게 하옵소서.

특히, 저희 가정이 말씀의 열매를 맺는 축복의 통로가 되게 하옵소서. 자녀들에게 주님의 말씀을 가르치고 본을 보이며, 말씀의 유산을 전하는 가정이 되게 하옵소서. 저희의 삶을 통해 이웃에게도 주님의 사랑과 진리가 증거되게 하옵소서.

주님의 말씀은 저희의 빛이요 길잡이임을 믿습니다. 저희가 그 말씀에 더욱 깊이 뿌리를 내리고, 주님의 영광을 위해 살아가는 부부가 되기를 간절히 소망합니다.

이 모든 말씀, 저희를 말씀의 길로 인도하시는 예수 그리스도의 이름으로 기도드립니다. 아멘.

하나님께 헌신하는 부부기도문

거룩하신 하나님 아버지,

저희 부부를 하나로 묶어주시고, 주님의 은혜와 사랑 안에서 함께 살아가게 하심에 감사드립니다. 오늘 이 시간, 저희가 주님께 온전히 헌신하는 부부가 되기를 소망하며 주님 앞에 기도드립니다. 저희의 모든 삶을 주님의 손에 맡기며, 주님의 뜻을 따라 살아가기를 원합니다.

주님, 저희의 마음을 새롭게 하여 주옵소서. 저희가 세상의 유혹이나 욕심에 흔들리지 않고, 오직 주님을 향한 헌신으로 살아가게 하옵소서. 저희의 시간과 재능, 물질과 노력까지 모두 주님께 드리며, 주님의 영광을 위한 도구로 사용되게 하옵소서.

특히, 저희 부부가 주님의 말씀을 삶의 중심에 두게 하시고, 말씀을 따라 행하며, 기도로 주님과 교제하는 시간을 잊지 않게 하옵소서. 함께 기도하며 주님의 뜻을 구할 때, 저희의 마음과 믿음이 더욱 깊어지게 하시고, 주님의 사랑 안에서 더욱 하나가 되게 하옵소서.

주님, 저희가 헌신의 삶을 살아가는 과정 속에서 어떤 어려움이나 도전이 찾아와도 낙심하지 않게 하시고, 주님께서 주시는 힘과 소망으로 이겨내게 하옵소서. 저희의 헌신이 주님께 기쁨이 되고, 저희를 통해 많은 사람들이 주님의 사랑을 경험하게 하옵소서.

주님, 저희 부부의 헌신이 가정 안에서 시작되게 하옵소서. 저희가 서로를 사랑과 존중으로 섬기며, 자녀와 이웃들에게 신앙의 본이 되는 삶을 살아가게 하옵소서. 주님께서 주신 사명을 기억하며, 주님께 충성된 부부로 살아가게 하옵소서.

저희의 헌신이 작은 섬김이라도 주님의 큰 계획 안에서 사용되게 하옵소서. 주님의 나라와 의를 구하며, 주님께서 기뻐하시는 삶을 살아가게 하시고, 저희의 모든 걸음이 주님의 뜻에 합당한 길이 되게 하옵소서.

이 모든 말씀, 저희의 삶을 위해 십자가에서 온전히 헌신하신 예수 그리스도의 이름으로 기도드립니다. 아멘.

하나님의 계획을 따르는 부부기도문

　모든 것을 주관하시는 하나님 아버지,

　저희를 사랑으로 하나 되게 하시고, 주님의 은혜 안에서 가정을 이루게 하심에 감사드립니다. 오늘 이 시간, 저희가 주님의 계획을 온전히 따르며 주님의 뜻 안에서 살아가는 부부가 되기를 소망하며 기도드립니다.

　주님, 저희의 삶이 주님의 계획과 목적에 온전히 맡겨지길 원합니다. 저희가 스스로의 뜻과 욕망을 내려놓고, 주님께서 저희를 위해 예비하신 길을 겸손히 따라가게 하옵소서. 어려움 속에서도 주님께서 저희를 인도하시고 선한 길로 이끄신다는 믿음을 잃지 않게 하옵소서.

　저희 부부가 늘 기도로 주님의 뜻을 구하게 하시고, 주님의 말씀을 통해 저희 부부의 길을 비추어 주옵소서. 결정의 순간마다 주님의 음성을 듣게 하시며, 세상의 유혹이나 두려움에 흔들리지 않고, 주님의 뜻에 순종하는 용기를 허락하여 주옵소서.

주님, 저희가 함께 나아가는 여정에서 서로를 격려하고 지지하며, 주님의 계획 안에서 한마음으로 동역하게 하옵소서. 서로의 생각과 은사를 존중하며, 각자에게 주어진 사명을 이루는 데 협력하는 부부가 되게 하옵소서. 또한, 주님의 계획을 이루는 데 있어 부족함이 느껴질 때에도 주님의 은혜로 채워지게 하옵소서.

저희 가정이 주님의 계획 안에서 축복의 통로가 되게 하옵소서. 저희의 삶을 통해 주변에 주님의 사랑과 진리가 전해지게 하시고, 저희 부부의 순종과 헌신이 주님의 영광을 나타내는 증거가 되게 하옵소서.

주님, 저희가 모든 상황 속에서 주님의 계획을 신뢰하며, 그 뜻을 이루기 위해 충성된 마음으로 나아가게 하옵소서. 저희의 삶 속에 주님의 뜻이 이루어지고, 그 여정을 통해 주님께서 함께하신다는 기쁨과 평강을 누리게 하옵소서.

이 모든 말씀, 저희를 위해 완전한 계획을 세우시고 이루어가시는 예수 그리스도의 이름으로 기도드립니다. 아멘

하나님의 창조를 묵상하는 기도

사랑과 능력의 하나님 아버지,

주님께서 말씀으로 온 세상을 창조하시고, 지금도 그 놀라운 섭리로 만물을 다스리심에 감사를 드립니다. 저희 부부가 주님의 창조를 묵상하며 이 기도를 드립니다.

하늘의 광활함과 땅의 아름다움, 바다의 깊음과 산의 장엄함이 모두 주님의 손길로 지어진 것을 기억하게 하시고, 주님께서 주신 이 세상을 더욱 귀히 여기게 하옵소서. 저희가 매일 바라보는 자연 속에 담긴 주님의 지혜와 사랑을 깨닫게 하시고, 그 안에서 주님을 찬양하며 감사하는 마음을 항상 갖게 하옵소서.

주님, 저희 부부가 창조의 목적과 질서를 따라 살아가게 하시고, 서로를 존중하고 사랑하며 하나님의 형상대로 창조된 귀한 존재임을 잊지 않게 하옵소서. 저희가 서로의 다름과 독특함 속에서도 주님의 창조적 계획을 묵상하며, 주님의 뜻을 이루어 가는 삶을 살게 하옵소서.

창조의 세계를 다스릴 권세를 허락하신 주님, 저희가 주님의 창조물을 사랑하며 아끼고 돌보는 청지기적인 삶을 살게 하시고, 자연을 대할 때마다 창조주 되신 주님을 기억하며 경외하게 하옵소서. 파괴된 자연을 보며 마음 아파하게 하시고, 주님의 창조물을 보호하는 자들이 되게 하옵소서.

하나님, 주님께서 태초에 이 세상을 창조하시며 "보시기에 좋았다" 하신 것처럼, 저희 부부의 삶 속에서도 주님의 뜻이 이루어지고 주님 보시기에 아름다운 열매를 맺는 가정이 되게 하옵소서.

저희 가정이 주님의 창조적 은혜를 반영하며, 주님께서 기뻐하시는 사랑과 평화의 자리로 세워지길 간구합니다. 모든 창조물을 통해 드러나는 주님의 영광을 찬양하며, 예수 그리스도의 이름으로 기도드립니다. 아멘.

하나님의 평안을 나누는 부부기도문

    사랑과 은혜가 충만하신 하나님 아버지,

    저희 부부를 한 가정으로 세워 주시고, 주님의 사랑 안에서 함께 살아갈 수 있는 축복을 허락해 주심에 감사드립니다. 오늘도 주님의 평안이 우리의 삶 속에 깊이 스며들기를 간절히 소망하며, 이 기도를 드립니다.

    주님, 저희 부부가 먼저 주님의 사랑을 깊이 경험하게 하옵소서. 저희가 받은 주님의 사랑으로 서로를 바라보고, 이해하고, 아껴주는 부부가 되게 하옵소서. 주님께서 보여주신 무조건적인 사랑과 용서가 저희들 삶 속에서도 흘러 넘치게 하여 주시옵소서. 우리의 마음속에 미움이나 오해가 자리 잡을 틈이 없도록 늘 성령님께서 동행하여 주시기를 간구합니다.

    하나님, 저희 부부가 대화를 나눌 때에 진실과 사랑으로 말하게 하옵소서. 저희들의 언어 속에 온유함과 지혜가 넘치게 하여 주시고, 서로의 마음을 깊이 이해할 수 있는 경청의 태도를 허락하여 주시옵소서. 주님께서 가르쳐 주신 대로 온유한 말이 분노를 가라앉힌다는 것을 기억하게 하시고, 우리의 모든 대화가 화목의 열매를 맺게 하옵소서.

주님, 저희 가정을 평안으로 다스려 주시옵소서. 세상 속에서 여러 어려움과 갈등이 있을지라도, 주님 안에서 쉼과 위로를 얻을 수 있는 가정이 되게 하옵소서. 저희가 함께 드리는 기도와 예배를 통해 저희의 가정이 더욱 주님께 가까이 나아가며, 주님이 주시는 평안이 넘쳐흐르는 삶을 살게 하옵소서.

하나님, 저희 부부가 서로를 존중하고 섬기는 모습을 통해 주님의 사랑을 세상에 증거하게 하옵소서. 저희의 가정을 통해 주변 사람들이 주님의 사랑과 평안을 느낄 수 있도록, 축복의 통로로 사용하여 주시옵소서. 저희가 이웃과 교회 안에서 주님의 사랑을 나누는 데에 힘쓰며, 섬김의 본이 되는 부부가 되게 하옵소서.

성령님, 우리의 삶의 여정 속에서 언제나 동행하여 주시고, 우리의 연약함을 주님의 강함으로 채워 주시옵소서. 서로 다른 성격과 관점을 가진 우리가 하나로 조화를 이루며 주님의 뜻을 이루어가는 가정이 되게 하옵소서. 특별히 우리가 힘들고 지칠 때에 주님의 위로와 소망으로 우리의 마음을 붙들어 주시기를 간구합니다.

예수님의 이름으로 기도드립니다. 아멘.

하나님 안에서 온전해지는 부부기도문

완전한 사랑으로 저희를 묶어 주시고 하나 되게 하시는 하나님 아버지,

저희 부부를 주님의 은혜 안에서 함께 살아가게 하심에 감사드립니다. 오늘 이 시간, 저희가 주님 안에서 더욱 온전해지고, 주님의 뜻에 합당한 삶을 살아가는 부부가 되기를 소망하며 기도드립니다.

주님, 저희들 삶의 중심에 주님을 모시게 하옵소서. 많고 많은 세상의 유혹과 걱정 속에서도 저희의 시선이 오로지 주님께 고정되게 하시고, 모든 상황 속에서 주님의 뜻을 구하며 살아가는 부부가 되게 하옵소서. 주님의 말씀으로 저희의 마음을 채우시고, 주님의 사랑으로 서로를 온전히 사랑하게 하옵소서.

저희 부부가 서로의 연약함과 부족함을 온전히 주님께 맡기며, 서로를 세워주고 격려하는 관계로 나아가게 하옵소서. 갈등과 오해가 생기는 상황에서도 주님의 평강이 저희 마음

을 다스리게 하시고, 화해와 용서로 온전함을 이루는 부부가 되게 하옵소서.

주님 안에서 저희의 사랑이 더욱 깊어지게 하시고, 그 사랑이 가정을 넘어 저희가 알고 있는 모든 사람들에게 흘러가게 하옵소서. 저희 부부가 세상에서 주님의 선하심을 증거하는 삶을 살아가며, 가정과 교회와 공동체 속에서 온전함의 본이 되게 하옵소서.

주님, 저희가 온전함을 스스로 이루려 하지 않고, 오직 주님의 은혜와 능력을 의지하게 하옵소서. 주님의 손길로 저희의 삶을 다듬어 주시고, 주님의 계획 속에서 더욱 성숙해지며 온전함에 이르는 부부가 되게 하옵소서.

이 모든 말씀, 저희를 온전케 하시는 예수 그리스도의 이름으로 기도드립니다. 아멘.

Part 3

특별한 순간과
감사의 기도문

부활절을 위한 부부기도문(1)

　사랑과 은혜의 주님,

　오늘 저희 부부는 부활절의 새 아침을 맞이하며, 주님의 크신 사랑과 무한한 은혜에 감사를 드립니다. 죽음을 이기시고 부활하신 예수 그리스도의 놀라운 승리를 마음에 새기며, 저희 가정과 서로에 대한 사랑이 주님의 빛 아래 더욱 깊어지길 소망합니다.

　주님, 어둠을 뚫고 솟아오른 부활의 빛처럼, 저희 부부의 마음에도 새로운 소망과 용기가 깃들게 하시고, 서로의 부족함과 연약함을 따뜻한 이해와 용서로 감싸게 하옵소서. 매 순간 주님의 은총을 기억하며, 서로에게 다정한 말 한마디와 격려의 손길을 건네는 부부가 되도록 인도해 주시길 간절히 기도합니다.

　부활절의 기쁨이 단순한 하루의 경사가 아니라, 매일의 삶 속에 녹아들어 저희 가정이 주님의 사랑을 증거하는 빛나는 등불이 되게 하소서. 주님의 말씀으로 서로를 세우고, 어려움 속에서도 서로의 어깨를 의지하며 한 걸음 한 걸음 믿음으로 나아갈 수 있도록 은혜와 지혜를 내려 주시기를 간구합니다.

또한, 부활의 능력으로 변화된 삶을 체험한 저희 부부가, 세상의 고난과 아픔 속에서도 주님의 위로와 평화를 전하는 증인이 되게 하시고, 서로의 마음을 열어 진실된 소통과 사랑의 나눔을 이어가게 하옵소서. 주님의 인도하심 아래, 서로에 대한 신뢰와 존경이 매일같이 새로워져, 저희들 결혼 생활이 주님의 축복으로 가득 차게 하여 주시기를 기도드립니다.

부활의 기적을 기억하며, 저희는 각자의 삶 속에서 주님의 빛을 전하는 증인이 되고자 합니다. 우리의 만남과 결합이 주님의 섭리와 계획 속에 이루어진 귀한 인연임을 깨닫고, 서로에게 아낌없는 사랑과 관심을 쏟으며, 기쁨은 물론 때로는 슬픔과 고난의 순간에도 함께 걸어가는 동반자가 되도록 인도해 주시옵소서.

사랑하는 주님, 저희 부부의 연합된 기도와 찬양이 하늘에 닿아, 주님의 은총과 평화가 저희들 가정뿐 아니라 이웃과 사회 전체로 퍼져나가기를 간절히 소망합니다. 매일의 삶 속에서 부활의 기쁨을 재현하는 힘을 얻어, 서로의 아픔을 감싸 안으며 주님의 자비로운 사랑을 나누는 성숙한 관계를 이루게 하시고, 주님의 말씀 안에서 한 마음 한 뜻으로 살아갈 수 있도록 도와주소서.

더불어, 서로에게 부족한 점이 있을 때마다 주님의 무한한 사랑과 용서를 본받아, 아픈 상처를 치유하고 다시 일어설 수 있는 믿음의 다리가 되어 주시길 기도합니다. 우리의 결혼 생활이 주님의 뜻에 따라 성장하며, 언제나 겸손과 감사의 자세로 서로를 존중하고, 함께 기도하며 주님의 인도하심을 따르는 복된 여정이 되게 하옵소서.

오늘 이 부활절, 주님의 부활의 기쁨과 소망이 우리 부부의 삶을 충만하게 감싸기를 바라며, 주님께서 예수 그리스도의 이름으로 이루신 기적을 우리의 일상 속에서도 경험하게 하시고, 모든 영광을 주님께 돌리는 삶을 살아가게 하여 주시기를 간절히 기도드립니다.

이 모든 말씀, 우리 주 예수 그리스도의 이름으로 기도드립니다.

아멘.

부활절을 위한 부부기도문 (2)

사랑과 자비가 충만하신 하나님 아버지,

오늘 부활절의 찬란한 아침에 저희 부부는 주님의 은혜와 사랑 앞에 겸손히 나아갑니다.

예수 그리스도께서 십자가의 고난을 겪으시고 죽음을 이기신 후 부활하심으로써 우리에게 새로운 생명과 소망을 주신 그 놀라운 기적을 깊이 묵상하며, 저희 가정과 마음속에 부활의 빛이 언제나 반짝이도록 축복하여 주시기를 간절히 기도드립니다.

주님, 오늘 이 시간 저희는 지난 날의 아픔과 실망, 때로는 서로에게 남긴 상처들을 진솔하게 고백합니다. 그럼에도 불구하고 주님의 무한한 용서와 자비로 우리를 감싸 주신 것을 기억하며, 부활의 힘으로 우리 부부의 마음이 새로워지고, 서로를 향한 이해와 포용이 깊어지게 하여 주시옵소서.

우리의 결혼 생활이 주님의 은총 아래 다시 태어나, 부활의 소망처럼 매일 새로움과 기쁨으로 가득 차게 하시며, 두 사람의 인연이 하나님의 계획 속에서 더욱 군건해지도록 인도하여 주시길 기도드립니다.

주님의 말씀과 사랑의 빛이 저희들의 길을 밝혀 주어, 어떠한 시련이나 어려움 속에서도 서로의 손을 놓지 않고 함께 걸어갈 수 있도록 믿음과 인내의 힘을 내려 주시옵소서.

부활절의 경이로운 사건이 단순한 하루의 기념을 넘어서, 우리 삶의 매 순간 속에 살아있는 진리로 새겨져, 서로에게 위로와 격려가 되는 근원이 되게 하여 주시길 바랍니다.

또한, 저희 부부가 서로에게 아낌없는 사랑과 존경을 보이며, 주님의 은혜를 닮아가도록 마음을 열게 하시고, 서로의 다름을 인정하며 하나의 공동체로서 더 깊은 연합을 이루어 주님의 사랑이 흘러넘치는 가정이 되게 하여 주시옵소서.

사랑하는 주님,

부활의 기쁨과 새 생명의 약속을 다시 한 번 마음에 새기며, 저희 부부는 서로의 눈동자 속에서 주님의 따스한 빛과 사랑을 발견하게 하시고, 서로의 존재가 주신 선물임을 잊지 않도록 날마다 겸손한 마음을 허락하여 주시길 기도드립니다.

저희 가정이 주님의 축복 아래 평안과 기쁨의 안식처가 되어, 이웃과 사회에 주님의 부활의 증거로서 빛과 소금의 역할을 다할 수 있기를 원합니다. 서로에 대한 감사와 사랑이 매 순간 커져가며, 때로는 마음의 어둠이 찾아올 때에도 부활의 희망으로 다시 일어설 수 있는 믿음을 심어 주시옵소서.

주님, 우리의 연약함과 부족함 속에서도 서로에게 힘이 되어 주고, 서로를 위한 기도의 울림이 가정 안에 따스한 빛으로 퍼져나가게 하여 주시기를 바랍니다.

저희 부부가 하나님의 인도하심에 따라 서로의 삶을 보듬으며, 서로의 아픔을 이해하고 치유하는 사랑의 동반자로 성장해 나가게 하시며, 매일의 삶 속에서 주님의 선하신 계획을 체험하는 귀한 시간이 되도록 인도하여 주시옵소서.

또한, 우리 부부가 서로에게 솔직한 대화와 진실된 마음으로 다가가며, 주님의 말씀 안에서 서로를 세워주는 따뜻한 동반자가 되기를 간절히 소망합니다.

부활절의 이 성스러운 날에 받은 새로운 기운이, 우리의 미래를 향한 믿음과 희망으로 가득 차게 하며, 서로의 삶에 늘 주님의 사랑이 넘쳐나도록 축복하여 주시길 기도드립니다.

이 모든 기도를, 우리의 구주 예수 그리스도의 이름으로 드리며, 부활절의 찬란한 빛과 소망이 저희 부부의 모든 날에 깃들기를 간절히 기원합니다. 아멘.

추수감사절을 위한 부부기도문

　사랑과 은혜가 충만하신 하나님 아버지,

　오늘 저희가 추수감사절을 맞아 주님께 영광과 찬송을 올립니다. 한 해 동안 저희 부부와 가정을 지켜주시고, 삶의 모든 필요를 채워주신 주님의 은혜에 깊이 감사드립니다.

　주님, 저희에게 생명의 선물을 주시고, 매일의 삶 속에서 필요한 것들을 풍성히 공급해 주심에 감사를 드립니다. 주님께서 베푸신 은혜를 기억하며, 저희가 받은 축복을 이웃과 나누고 주님의 사랑을 전하는 도구가 되게 하옵소서.

　저희 부부가 함께 마음을 모아 감사의 기도를 드립니다. 우리가 지나온 시간 속에 주님이 함께하셨음을 고백하며, 앞으로도 주님의 손길을 의지하며 살아가기를 결단합니다.

　주님께서 허락하신 이 시간들이 단순한 축제가 아닌, 주님께서 베푸신 사랑과 인도하심에 깊이 감사하는 시간이 되게 하옵소서.

　주님, 저희가 서로를 주님의 선물로 여기며 늘 감사하는 부부가 되게 하시고, 작은 일에도 서로에게 고마움을 표현하며 사랑을 키워가게 하옵소서. 때로는 어려움과 고난이 찾아와도, 그것 또한 주님의 뜻 안에 있음을 믿고 감사하며 나아가게 하옵소서.

특별히, 이 추수감사절에 저희가 주님의 마음을 닮아 어려운 이웃을 돌아보고, 우리의 손과 마음이 그들에게 닿을 수 있도록 이끌어 주시옵소서. 물질적인 나눔뿐 아니라, 진심 어린 위로와 격려를 통해 주님의 사랑을 증거하게 하옵소서.

주님, 우리가 받은 축복을 주님께 돌려드리는 삶을 살게 하시고, 우리의 모든 계획과 목표가 주님의 영광을 드러내는 데 쓰이게 하옵소서. 저희 가정을 주님께서 기뻐하시는 말씀의 통로로 사용하시고, 우리의 삶이 세상에서 나타나는 주님의 빛과 소금이 되게 하옵소서.

추수감사절의 중심이신 주님, 모든 것을 주님께 맡깁니다. 저희 부부가 매일의 삶 속에서 감사와 찬양을 잃지 않고, 주님의 은혜 안에서 살아가는 은총을 허락하여 주옵소서.

이 모든 말씀을 우리의 구주 예수 그리스도의 이름으로 기도드립니다. 아멘.

성탄절을 위한 부부기도문

사랑과 은혜의 하나님 아버지,

이 땅에 구주를 보내주신 놀라운 사랑에 감사드립니다.

어두운 세상에 빛으로 오신 예수님의 탄생을 기념하며, 오늘 저희 부부가 함께 주님께 기도드립니다.

주님, 성탄의 기쁨과 소망이 저희들의 가정 안에 충만하게 하옵소서. 저희 부부가 주님께서 보여주신 사랑과 겸손을 본받아 서로를 더욱 사랑하고 존중하게 하시며, 말과 행동으로 주님의 사랑을 실천하는 삶을 살게 하옵소서.

아기 예수님께서 말구유에 태어나신 것처럼, 우리의 삶에서도 소박함 속에 주님의 은혜를 깨닫게 하시고, 세상의 화려함과 물질에 얽매이지 않고 주님께서 주시는 참된 평안을 누리게 하옵소서.

이 성탄절, 저희가 받은 주님의 은혜를 이웃과 나누기를 원합니다. 마음이 외롭고 상처받은 이들에게 주님의 사랑과 위로를 전하며, 우리의 작은 섬김과 나눔이 주님의 사랑의 통로가 되게 하옵소서.

주님, 성탄의 기쁨은 단순히 한 날의 축제가 아니라, 매일의 삶 속에서 주님의 사랑을 기억하고 실천하는 시작임을 알게 하옵소서. 저희 부부가 성탄의 기쁨을 가정 안에서뿐 아니라, 세상 속에서도 전하며, 주님의 빛과 소금이 되는 삶을 살게 하옵소서.

아기 예수님을 통해 시작된 구원의 이야기가 오늘 우리의 삶 속에서도 계속 이루어지길 소망합니다. 저희 부부가 주님의 뜻을 따라 순종하며, 주님의 영광을 드러내는 가정으로 세워지게 하옵소서. 또한 우리의 가정을 통해 주님의 사랑과 평화가 이웃과 교회, 그리고 세상으로 흘러가게 하옵소서.

거룩한 성탄의 아침에 주님께 감사와 찬양을 올리며, 이 날의 중심에 오직 예수님만을 모시고 살아가기를 결단합니다. 주님의 사랑이 우리의 가정을 가득 채우고, 이 사랑으로 서로를 더욱 이해하고 격려하며 주님의 뜻 안에서 성장하게 하옵소서.

이 모든 말씀을 우리에게 평화와 생명을 주신 예수 그리스도의 이름으로 기도드립니다. 아멘.

결혼기념일을 맞은 부부기도문

　사랑과 은혜로 가득하신 하나님,

　오늘 저희 부부의 결혼기념일을 맞이하여 주님께 감사와 찬양을 드립니다. 결혼이라는 귀한 언약을 허락하시고, 지금까지 함께 걸어오게 하신 주님의 인도하심과 은혜에 깊은 감사를 드립니다. 주님께서 저희를 부부로 맺어주신 날을 기억하며, 그날의 서약과 마음을 다시금 되새기게 하옵소서. 저희가 서로를 사랑하고 존중하며 지내온 모든 시간 속에 주님의 은혜와 사랑이 늘 함께하였음을 깨닫습니다.

　하나님, 저희 부부가 함께한 시간 동안 기쁨의 순간뿐 아니라 고난과 도전의 순간도 있었습니다. 그 모든 시간 속에서 주님의 손길로 저희를 붙들어주시고, 서로를 이해하며 함께 성장할 수 있는 기회를 허락해 주신 것에 감사드립니다. 때로는 연약한 모습으로 인해 갈등과 어려움이 있었지만, 그 모든 순간 속에서도 주님의 사랑을 본받아 화해와 회복의 길로 나아갈 수 있었음을 고백합니다. 앞으로도 저희가 서로에게 헌

신하며 사랑으로 하나 되는 부부가 되게 하여 주옵소서

주님, 저희 가정을 통해 주님의 사랑이 흘러가게 하여 주옵
소서. 이 결혼을 통해 하나님의 뜻이 이루어지고, 저희 가정
이 주님을 증거하는 통로가 되게 하옵소서. 저희 부부가 서로
에게만 머물지 않고, 주변 사람들에게도 주님의 사랑과 은혜
를 나누는 삶을 살게 하여 주옵소서. 또한 저희가 주님의 말
씀을 삶의 중심에 두고, 그 말씀 안에서 지혜와 인내를 얻으
며 날마다 성장하게 하옵소서.

하나님, 앞으로의 날들 속에서도 주님께서 저희의 길을 인
도해 주시길 간구합니다. 저희가 함께 더 많은 시간을 보내
며, 주님 안에서 더 깊이 사랑하고 서로를 아껴주게 하옵소
서. 이 결혼의 여정이 단순히 시간의 흐름에 머무르지 않고,
매 순간이 주님께 드리는 헌신과 감사의 시간이 되게 하옵소
서. 저희 부부가 함께 걸어가는 길 위에 주님의 축복과 평안
이 가득하기를 원합니다.

하나님, 저희 결혼을 축복하시고 앞으로의 모든 순간 속에
서도 주님께서 함께하실 것을 믿습니다. 이 결혼기념일이 저
희에게 새로운 다짐과 감사의 기회가 되게 하시고, 주님 안에
서의 사랑과 믿음을 더욱 굳건히 세우는 날이 되게 하옵소서.
결혼이라는 귀한 선물을 허락하신 하나님께 영광과 찬양을
올려드리며, 예수 그리스도의 이름으로 기도드립니다. 아멘.

새해 첫날 드리는 부부기도문

    주님, 은혜로 새해의 첫날을 맞이하게 하심에 감사드립니다. 지난 한 해 동안 저희 부부와 가정을 지켜주시고, 고난과 기쁨의 순간마다 함께해 주신 주님의 사랑에 감사와 찬송을 올립니다.

    주님, 이 새해에도 저희 부부가 주님의 뜻 안에서 사랑과 신뢰로 하나 될 수 있도록 도와주소서. 서로를 주님께서 주신 선물로 여기며, 매일의 삶 속에서 서로를 위로하고 격려하며 주님의 사랑을 실천하게 하옵소서. 우리의 말과 행동이 서로에게 평안과 기쁨을 주는 도구가 되게 하시고, 용서와 인내로 갈등을 해결하며 주님 안에서 더욱 깊은 연합을 이루게 하옵소서.

    주님, 저희의 가정을 하나님의 은혜의 터전으로 삼아 주시고, 저희의 삶이 이웃과 사회에 선한 영향을 미치는 가정이 되도록 이끌어 주옵소서. 우리를 통해 주님의 사랑과 빛이 흘러넘쳐, 주변 사람들에게 위로와 희망을 주는 삶을 살아가게 하옵소서.

이 새해에는 특별히 저희가 주님께 더욱 가까이 나아가기를 소망합니다. 말씀과 기도로 주님과의 교제를 깊게 하며, 우리의 믿음이 흔들리지 않게 붙잡아 주옵소서. 주님의 인도하심을 따라 모든 결정을 내리며, 어려움 속에서도 주님의 뜻을 신뢰하며 살아가게 하옵소서.

주님, 저희 부부의 삶의 중심에 항상 주님이 계시기를 원합니다. 세상의 유혹이나 혼란에 흔들리지 않게 하시고, 주님 안에서 평안을 누리며 매일을 감사와 기쁨으로 채우게 하옵소서. 우리의 마음과 생각을 지켜 주셔서 주님이 기뻐하시는 삶을 살아가게 하시며, 우리의 가정을 통해 주님의 이름이 높임 받게 하옵소서.

새해의 첫날에 드리는 이 기도를 기쁘게 받아 주시고, 저희 부부와 가정이 주님의 축복과 은혜 가운데 거하게 하옵소서. 모든 것을 주님께 맡기며, 예수님의 이름으로 기도드립니다. 아멘.

추석 명절을 위한 부부기도문

사랑과 은혜가 충만하신 하나님,

한 해의 풍성한 결실을 나누는 이 추석 명절을 허락하심에 감사드립니다. 가족과 이웃이 함께 모여 주님의 은혜를 기억하며 감사드릴 수 있게 하심에 진심으로 찬송과 영광을 올려드립니다.

주님, 저희 부부가 이 명절의 의미를 되새기며 서로를 더욱 사랑하고 존중하게 하옵소서. 저희에게 허락하신 가정과 형제들과의 관계를 소중히 여기며, 주님의 뜻 안에서 평화롭고 조화로운 시간을 보낼 수 있도록 도와주시옵소서. 서로의 마음에 감사와 사랑이 가득 차고, 주님 안에서 더 깊은 연합을 이루게 하옵소서.

추석은 나눔의 기쁨을 실천하는 때임을 기억합니다. 주님께서 허락하신 모든 은혜를 주변의 이웃과 가족들과 나누는 손길이 되게 하시고, 우리의 삶을 통해 주님의 사랑이 흘러가게 하옵소서. 특별히 외롭고 힘든 이들에게 위로와 온정을 나눌 수 있는 저희 부부가 되게 하옵소서.

주님, 명절을 맞이하여 사랑하는 가족들과의 만남이 축복의 시간이 되게 하시고, 서로의 존재를 기뻐하며 사랑으로 하나 되는 시간이 되게 하옵소서. 대화 가운데 주님의 평강이 흐르게 하시고, 저희의 말과 행동이 서로에게 기쁨과 격려가 되게 하옵소서.

명절 준비로 바쁜 손길들 위에 주님의 힘과 지혜를 더하여 주시고, 건강과 안전을 지켜 주옵소서. 저희가 명절의 분주함 속에서도 주님의 임재를 잊지 않고, 주님께 모든 것을 맡기며 감사와 기도로 하루하루를 채우게 하옵소서.

주님, 이 명절이 단순히 음식을 나누고 즐기는 시간이 아니라, 주님의 은혜를 기억하고 감사드리는 참된 예배의 시간이 되기를 소망합니다. 주님께서 저희에게 주신 은혜를 잊지 않고 매일의 삶 속에서 감사와 찬송을 드리는 저희 부부가 되게 하옵소서.

이 추석 명절을 통해 저희 가정과 모든 이웃 가정이 주님의 사랑 안에서 화목하며, 주님의 축복을 풍성히 누리는 시간이 되기를 간절히 바라며, 모든 영광을 주님께 올려드립니다.

이 모든 말씀을 예수님의 이름으로 기도드립니다. 아멘.

생일을 맞은 부부기도문

사랑과 은혜가 충만하신 하나님 아버지,

오늘은 남편(아내)이 생일을 맞는 날입니다. 이 특별한 날에 주님의 크신 사랑과 축복이 풍성히 임하기를 간절히 기도합니다.

먼저, 부부로 함께 동행하게 하신 하나님의 섭리와 은혜에 감사드립니다. 서로의 삶 속에서 사랑과 우정, 그리고 믿음을 나누며 걸어온 모든 시간은 하나님의 손길이 함께 했기에 가능했음을 고백합니다.

하나님, 이 귀한 순간이 단순히 한 해를 더해가는 것이 아니라, 하나님 안에서 새로운 시작과 더 깊은 결단의 시간이되게 하여 주옵소서. 우리의 마음 속에 주님의 뜻을 품고, 서로를 더욱 사랑하며 존중하게 하시며, 주님의 영광을 위한 부부로 살아가게 하여 주시옵소서

주님, 저희 부부의 삶을 축복하사 사랑이 더욱 깊어지고 넓어지게 하옵소서. 세상의 어떤 어려움과 고난도 저희들을 혼

들지 못하도록 주님의 강한 손으로 붙들어 주시옵소서. 부부가 서로를 통해 하나님의 형상을 발견하며, 날마다 기쁨과 평안 가운데 살아가도록 은혜를 베풀어 주옵소서.

특별히 오늘 이 생일을 기념하며, 주신 시간과 삶에 감사하게 하시고, 하나님께서 주신 모든 축복을 기억하게 하여 주옵소서. 저희들의 가정이 주님의 사랑이 머무는 곳이 되게 하시며, 나아가 그 사랑을 이웃과 세상에 나누는 길잡이가 되게 하옵소서.

주님, 건강과 평안을 허락하시어 몸과 마음이 강건하게 하시며, 삶의 모든 순간이 주님의 은혜로 채워지게 하옵소서. 저희들이 계획하는 모든 일이 주님 안에서 이루어지며, 주님의 지혜와 인도하심을 따라 가는 삶이 되게 하옵소서.

또한, 저희 부부의 삶 속에 기쁨과 감사가 넘치게 하시고, 어려운 때에도 서로의 손을 놓지 않고 함께 기도하며 나아가는 믿음의 동반자가 되게 하옵소서. 세월이 지나도 사랑이 더욱 아름답고 깊어지게 하시며, 주님의 뜻 가운데 살아가는 부부가 되게 하여 주시옵소서.

주님, 이 생일을 통해 저희 부부에게 새로운 은혜와 축복을 더하시고, 함께 보내는 모든 날이 생명의 풍성함으로 가득하게 하옵소서. 예수 그리스도의 이름으로 간절히 기도드립니다. 아멘.

감사와 찬양이 넘치는 부부기도문

찬양과 감사의 하나님 아버지,

저희를 하나로 묶으시고, 주님의 은혜 안에서 함께 살아가게 하심에 감사드립니다. 오늘 이 시간, 저희 부부가 감사와 찬양으로 가득한 삶을 살아가기를 소망하며 주님 앞에 기도드립니다. 주님께서 베풀어 주신 모든 사랑과 축복을 기억하며, 늘 주님을 찬양하게 하옵소서.

주님, 저희가 삶의 작은 일에도 감사하는 마음을 품게 하옵소서. 일상의 평범한 순간들 속에서 주님의 손길을 발견하게 하시고, 매일 주님께서 주시는 새 은혜를 깨닫게 하옵소서. 저희의 마음이 감사로 가득 차게 하시고, 주님을 높이는 찬양이 끊이지 않는 가정을 이루게 하옵소서.

특히, 기쁨과 축복의 순간뿐만 아니라 어려움 속에서도 주님께 감사하며 찬양할 수 있는 믿음을 허락하여 주옵소서. 고난 속에서도 주님께서 함께하시고, 선한 길로 인도하심을 믿으며, 그 모든 순간에 감사의 고백을 드리는 부부가 되게 하옵소서.

저희 부부가 서로를 바라보며 주님의 은혜를 기억하게 하옵소서. 상대방의 존재와 사랑에 감사하며, 그 안에서 주님의 사랑을 느끼게 하옵소서. 서로를 격려하고 위로하며, 감사와 찬양으로 서로를 세워주는 부부가 되게 하옵소서.

주님, 저희의 감사와 찬양이 저희 가정에 머물지 않고, 자녀와 이웃에게도 흘러가게 하옵소서. 저희의 삶이 주님의 사랑과 은혜를 증거하며, 감사와 찬양의 본이 되는 가정이 되게 하옵소서. 저희 가정이 주님께 영광을 돌리는 다리가 되게 하옵소서.

저희의 마음과 입술에 늘 감사와 찬양이 머물게 하시고, 주님께서 허락하신 모든 축복을 온전히 주님께 돌리게 하옵소서. 저희의 삶을 통해 주님의 이름이 높아지기를 소망하며, 감사와 찬양이 넘치는 부부로 살아가게 하옵소서.

이 모든 말씀, 감사와 찬양을 받으시기에 합당하신 예수 그리스도의 이름으로 기도드립니다. 아멘.

순종과 헌신이 있는 부부기도문

　사랑과 은혜의 하나님 아버지,

　저희를 부부로 하나 되게 하시고, 주님의 뜻을 따라 살아갈 수 있는 축복을 주심에 감사드립니다. 오늘 이 시간, 저희가 순종과 헌신으로 주님을 섬기고, 서로를 사랑하며 살아가는 부부가 되기를 간절히 기도드립니다.

　주님, 저희 마음에 주님의 뜻에 순종하려는 겸손함과 헌신의 열정을 허락하여 주옵소서. 저희가 자신의 뜻이나 욕망보다 주님의 말씀과 계획을 따르며, 기꺼이 순종하는 부부가 되게 하옵소서. 주님의 길을 믿고 따를 때, 저희의 삶이 주님의 영광을 드러내는 도구가 되게 하옵소서.

　저희 부부가 서로를 위한 헌신의 본을 보이며 사랑으로 섬기게 하옵소서. 작은 일에도 상대방을 귀히 여기며, 상대의 필요를 먼저 살피고 기꺼이 채워주는 부부가 되게 하옵소서. 헌신의 삶을 통해 저희의 사랑이 더욱 깊어지며, 주님 안에서 하나 되게 하옵소서.

특히, 어려움과 도전 앞에서도 순종과 헌신의 마음을 잃지 않게 하옵소서. 험란하고 힘든 일이 저희 앞에 있을지라도 주님을 의지할 수 있는 지혜를 주시옵소서. 저희가 고난 속에서도 주님의 선하심을 신뢰하며, 순종의 발걸음을 멈추지 않게 하시고, 주님의 뜻을 이루기 위해서 충성된 마음으로 헌신하게 하옵소서.

주님, 저희의 순종과 헌신이 가정 안에서 시작되어 이웃과 교회로 확장되게 하옵소서. 저희 가정을 주님의 사랑과 섬김이 흐르는 축복의 통로로 사용하시고, 저희 부부의 헌신이 주님의 나라를 세워가는 귀한 열매가 되게 하옵소서. 빛과 소금의 역할을 할수 있도록 도와주시옵소서.

이 모든 말씀, 순종과 헌신의 완전한 본을 보여주신 예수 그리스도의 이름으로 기도드립니다. 아멘.

어려움 속에서도 감사하는 부부기도문

　모든 상황 속에서도 선하시고 신실하신 하나님 아버지,

　저희를 주님의 사랑으로 하나 되게 하시고, 함께 삶의 여정을 걸어가게 하심에 감사드립니다. 오늘 이 시간, 어려움 속에서도 감사하는 마음을 잃지 않는 부부가 되기를 소망하며 주님께 간절히 기도드립니다.

　주님, 삶의 도전과 고난이 저희를 찾아올 때에도, 그 안에서 주님의 은혜를 발견하며 감사하게 하옵소서. 때로는 고통과 어려움이 저희의 마음을 무겁게 할지라도, 주님께서 항상 저희와 함께하시고, 모든 것을 합력하여 선을 이루실 것을 믿고 찬양하게 하옵소서.

　특히, 어려운 순간 속에서도 저희가 서로를 위로하고 격려하며, 감사의 이유를 찾아주는 부부가 되게 하옵소서. 서로의 작은 배려와 사랑을 통해 주님의 위로를 경험하게 하시고, 함께 손을 잡고 기도하며 감사의 고백을 드릴 수 있는 은혜를 허락하여 주옵소서.

주님, 저희의 시선을 상황이 아닌 주님께 고정하게 하옵소서. 물질적 부족이나 육체적 연약함 속에서도 주님께서 주시는 평안과 소망을 붙들게 하시고, 그로 인해 감사의 기도가 끊이지 않게 하옵소서. 어려움 속에서 주님의 신실하심을 배우고, 믿음이 더욱 깊어지는 부부가 되게 하옵소서.

저희가 감사의 마음을 삶의 중심에 두게 하시고, 주님께서 이미 베풀어 주신 축복과 사랑을 날마다 되새기게 하옵소서. 감사는 곧 찬양임을 깨닫고, 모든 상황 속에서 주님께 영광 돌리는 삶을 살아가게 하옵소서.

주님, 저희 부부가 어려움을 극복하는 과정 속에서 주위 사람들에게도 주님의 사랑과 희망을 전하게 하옵소서. 감사와 믿음의 모습이 다른 이들에게도 선한 영향력을 끼치며, 주님의 이름을 증거하게 하옵소서.

이 모든 말씀, 감사와 찬양을 받으시기에 합당하신 예수 그리스도의 이름으로 기도드립니다. 아멘.

하나님께 찬양으로 영광 돌리는 부부기도문

　영광과 찬양을 받으시기에 합당하신 하나님 아버지,

　저희 부부를 주님의 사랑으로 하나 되게 하시고, 삶의 모든 순간 속에서 주님께 찬양하며 살아가게 하심에 감사드립니다. 오늘 이 시간, 저희가 찬양을 통해 주님께 영광 돌리는 부부가 되기를 소망하며 기도드립니다.

　주님, 저희 마음을 찬양의 기쁨으로 가득 채워 주옵소서. 주님께서 주신 사랑과 은혜를 기억하며, 감사의 고백으로 주님을 높이는 부부가 되게 하옵소서. 찬양이 저희의 가정에 깊이 뿌리내리게 하시고, 주님을 찬양하는 시간이 저희 부부에게 가장 큰 기쁨이 되게 하옵소서.

　저희가 기쁨의 순간뿐만 아니라, 어려움과 고난 속에서도 주님을 찬양하게 하옵소서. 어떤 상황에서도 주님의 선하심과 신실하심을 믿으며, 주님께 감사와 찬양을 드리는 믿음의 부부가 되게 하옵소서. 찬양이 저희의 영혼을 새롭게 하고, 주님과 더 깊이 연결되는 통로가 되게 하옵소서.

특히, 저희 부부가 함께 드리는 찬양을 통해 주님의 이름이 높임 받게 하옵소서. 주님의 영광을 높이는 도구가 되게 하여 주옵소서. 주님께 드리는 찬양 속에서 저희의 사랑이 더욱 깊어지며, 가정 안에 주님의 평강과 은혜가 넘치게 하옵소서. 주변의 여러 사람들에게도 찬양의 본이 되어, 주님의 이름을 높이는 가정으로 사용되게 하옵소서.

주님, 저희가 삶의 모든 순간을 찬양으로 살아가게 하옵소서. 말과 행동, 섬김과 사랑을 통해 주님께 영광 돌리며, 저희의 삶이 찬양의 도구가 되게 하옵소서. 저희 부부가 주님의 이름을 찬양하며 주님의 선하심을 전하는 부부로 살아가게 하옵소서.

이 모든 말씀, 찬양받으시기에 합당하신 예수 그리스도의 이름으로 기도드립니다. 아멘.

회복의 은혜를 경험하는 부부기도문

치유와 회복의 하나님 아버지,

저희를 주님의 사랑으로 하나 되게 하시고, 그 사랑 안에서 회복과 은혜를 누릴 수 있도록 이끄심에 감사드립니다. 오늘 이 시간, 저희 부부가 주님의 회복의 손길을 경험하며, 사랑과 신뢰로 다시 세워지기를 간절히 기도드립니다.

주님, 저희 마음의 아픔과 상처를 주님 앞에 내려놓습니다. 아무런 생각없이 서로에게 주고 받았던 말과 행동 속에서 생긴 오해와 상처를 주님의 은혜로 덮어 주시고, 그 자리를 사랑과 용서로 채워 주옵소서. 저희가 주님께 받은 사랑을 기억하며, 배우자를 이해하고 품을 수 있는 넓은 마음을 허락하여 주옵소서.

저희 부부가 회복을 위한 첫걸음을 내딛게 하옵소서. 서로의 부족함과 연약함을 인정하며, 주님의 사랑으로 그 차이를 메우는 부부가 되게 하옵소서. 갈등 속에서도 용서와 화해의 길을 선택하게 하시고, 주님께서 주시는 평안과 기쁨을 다시 누리게 하옵소서.

주님, 저희가 기도와 말씀으로 회복의 과정을 걸어가게 하옵소서. 기도 속에서 주님의 음성을 듣고, 말씀 속에서 삶의 지혜와 방향을 얻으며, 주님께서 허락하신 가정을 다시 세워가는 은혜를 허락하여 주옵소서. 주님 안에서 저희의 사랑이 새롭게 시작되게 하옵소서.

특히, 저희의 관계 속에 주님의 손길이 늘 함께하시어, 회복의 여정이 단순히 과거를 회복하는 것이 아니라 더 큰 사랑과 신뢰로 나아가는 축복의 시간이 되게 하옵소서. 주님께서 시작하신 회복의 역사가 저희 가정과 이웃들에게도 주님의 사랑을 증거하는 도구가 되게 하옵소서.

이 모든 말씀, 치유와 회복의 주인이 되시는 예수 그리스도의 이름으로 기도드립니다. 아멘.

작은 일에도 감사하는 부부기도문(1)

　감사와 찬양을 받으시기에 합당하신 하나님 아버지,

　저희를 사랑으로 하나 되게 하시고, 삶의 모든 순간 속에서 주님의 은혜를 경험하게 하심에 감사드립니다. 오늘 이 시간, 저희 부부가 작은 일에도 감사하는 마음을 품고, 주님의 축복을 날마다 발견하며 살아가는 부부가 되기를 간절히 기도드립니다.

　주님, 저희의 눈과 마음을 열어 주셔서, 일상의 작은 기쁨과 은혜를 깨닫게 하옵소서. 저희가 늘 큰 일만 바라보며 불평하지 않게 하시고, 작은 일 속에서도 주님의 사랑을 발견하며 감사하는 부부가 되게 하옵소서. 식탁의 음식, 가족의 웃음, 평범한 하루 속에서도 감사할 이유를 찾게 하옵소서.

　저희 부부가 서로를 향해 감사의 말을 아끼지 않게 하시고, 배우자의 작은 수고와 사랑에도 감사를 표현하며 서로를 세워주는 부부가 되게 하옵소서. 불평과 원망이 아닌, 격려와 감사의 말로 가정을 채우게 하옵소서.

주님, 어려움과 고난 속에서도 감사의 마음을 잃지 않게 하옵소서. 저희가 문제와 부족함 속에서도 주님의 선하심을 기억하며, 주님께서 항상 함께하시고 선한 길로 인도하심을 믿고 감사하게 하옵소서. 감사가 저희의 마음을 치유하고, 주님의 평강을 경험하게 하옵소서.

감사하는 마음이 저희 부부의 중심이 되어, 주님의 축복을 다른 이들과 나누게 하시고, 저희들의 감사를 통하여 주님의 사랑과 은혜가 흘러가게 하옵소서. 저희의 삶이 감사의 열매로 가득 차고 넘쳐, 주님께 영광을 돌리는 부부가 되기를 소망합니다.

이 모든 말씀, 모든 감사의 이유가 되시는 예수 그리스도의 이름으로 기도드립니다. 아멘.

작은 일에도 감사하는 부부기도문(2)

사랑과 은혜가 충만하신 하나님 아버지,

저희 가정을 지켜주시고 지금까지 인도해 주신 하나님의 넓고 깊은 은혜에 감사드립니다. 오늘 저희는 삶의 크고 작은 모든 일들 속에서 감사하는 마음을 잃지 않기를 간절히 기도드립니다.

주님, 저희가 누리고 있는 일상의 모든 것이 주님께서 주신 귀한 선물임을 깨닫게 하시고, 그 안에서 감사의 이유를 찾게 하옵소서. 매일 마주하는 작은 일들, 평범해 보이는 순간들 속에서도 주님의 사랑과 은혜를 발견하며 기쁨으로 살아가게 하옵소서.

저희 부부가 함께 웃으며 나누는 대화, 서로를 위해 준비한 식사, 하루를 마치며 나누는 따뜻한 인사가 얼마나 큰 축복인지 깨닫게 하시고, 그런 작은 순간에도 진심으로 감사하게 하옵소서.

주님, 때로는 크고 특별한 것만을 기대하며 감사하지 못했던 저희의 연약함을 용서하여 주옵소서. 크고 작은 모든 일들 속에서 주님의 손길을 느끼게 하시고, 지금 주어진 상황과 환경을 온전히 받아들이며 감사하는 법을 배우게 하옵소서.

저희 부부가 서로에게 더욱 감사의 마음을 표현하게 하시고, 작은 배려와 섬김 속에서 주님의 사랑을 나누게 하옵소서. 또한, 저희의 감사가 가정 안에만 머무르지 않고, 이웃과 세상으로 흘러가 주님의 은혜를 증거하게 하옵소서.

어려운 순간에도 감사할 이유를 찾을 수 있는 믿음을 허락하시고, 감사가 저희 부부의 삶을 채우는 기쁨의 원천이 되게 하옵소서. 작은 일에도 감사할 때, 주님께서 더 큰 은혜로 채워 주실 것을 믿습니다.

감사로 시작하고 감사로 끝나는 삶을 살게 하시는 주님께 모든 영광과 찬송을 올려드리며, 예수 그리스도의 이름으로 기도드립니다. 아멘.

험난한 길을 함께 걷는 부부기도문

언제나 함께하시며 인도하시는 하나님 아버지,

저희를 주님의 사랑으로 하나 되게 하시고, 험난한 길을 함께 걸어갈 수 있는 힘을 주심에 감사드립니다. 오늘 이 시간, 저희 부부가 어떠한 어려움 속에서도 서로를 붙들고 주님을 의지하며 걸어갈 수 있도록 도와주시기를 간절히 기도드립니다.

주님, 저희 앞에 놓인 길이 때로 험하고 두려울지라도, 그 길 속에서도 주님께서 함께하시며 인도하신다는 약속을 기억하게 하옵소서. 저희의 약함을 주님께 맡기고, 주님께서 주시는 힘과 지혜로 매 순간을 이겨내게 하옵소서.

험난한 길 속에서 서로를 원망하거나 지치지 않게 하시고, 오히려 서로에게 위로와 힘이 되는 부부가 되게 하옵소서. 어려움 속에서도 배우자를 존중하고 격려하며, 사랑으로 함께 나아가는 은혜를 허락하여 주옵소서.

저희가 이 길을 걸어가는 동안 주님께 더욱 가까이 나아가게 하시고, 기도와 말씀으로 주님의 음성을 듣게 하옵소서. 저희의 믿음을 더욱 단단하게 세우시며, 그 믿음 안에서 평안을 누리게 하옵소서. 어떤 상황 속에서도 주님의 선하심과 신실하심을 의심하지 않고 믿음으로 나아가게 하옵소서.

주님, 험난한 길이 저희 부부에게 새로운 은혜와 배움의 시간이 되게 하시고, 그 과정을 통해 저희의 사랑과 신뢰가 더욱 깊어지게 하옵소서. 또한, 저희가 이 길을 지나며 주님께서 이루시는 선한 열매를 경험하게 하옵소서.

이 길이 끝날 때, 저희가 서로를 더욱 사랑하며, 주님께 더 큰 감사와 찬양을 올릴 수 있는 부부가 되기를 원합니다. 모든 순간, 모든 걸음을 주님께 의탁하며, 이 모든 말씀 우리의 보호자이시며 인도자이신 예수 그리스도의 이름으로 기도드립니다. 아멘.

불확실한 미래를 함께 나아하는 부부기도문

모든 것을 아시고 주관하시는 하나님 아버지,

저희 부부를 사랑으로 묶어 주시고, 믿음으로 함께 미래를 바라볼 수 있는 은혜를 허락하심에 감사드립니다. 저희 앞에 놓인 길이 불확실하고 알 수 없을지라도, 주님을 신뢰하며 함께 걸어가기를 소망하며 이 기도를 드립니다.

주님, 저희 마음에 주님의 평안을 부어 주옵소서. 불확실한 상황 속에서도 두려움에 사로 잡히지 않게 하시고, 오히려 주님의 계획을 신뢰하며 소망과 담대함으로 나아가게 하옵소서. 주님께서 저희의 미래를 아시고 선한 길로 인도하심을 믿으며 의지하게 하옵소서.

특히, 저희가 함께 기도하며 주님께 맡기게 하시고, 서로를 향한 사랑과 신뢰로 불확실한 상황을 극복하는 부부가 되게 하옵소서. 서로를 탓하거나 불안감을 전하지 않게 하시고, 대신 주님의 약속을 붙들며 서로를 격려하고 세워주는 부부가 되게 하옵소서.

주님, 저희의 시선을 문제와 상황에 두기보다, 주님의 능력과 신실하심에 고정하게 하옵소서. 저희가 기도와 말씀 속에서 주님의 음성을 듣고, 매 순간 주님의 지혜를 구하며 바른 길을 선택하게 하옵소서. 어려움 속에서도 주님을 더욱 깊이 경험하며 믿음이 자라나게 하옵소서.

저희 부부의 연약함 속에서도 주님의 강하심이 드러나게 하시고, 불확실한 미래가 오히려 주님께 더 가까이 나아가는 계기와 시간이 되게 하옵소서. 주님의 계획이 항상 선하며 완전함을 믿고, 그 계획 속에서 평안을 누리는 부부가 되게 하옵소서.

이 모든 말씀, 저희의 길을 아시고 인도하시는 예수 그리스도의 이름으로 기도드립니다. 아멘.

사업장을 개업한 부부기도문

사랑과 은혜가 충만하신 하나님,

저희 부부가 새로운 사업을 시작하게 하심에 깊은 감사를 드립니다. 지금 이 자리까지 인도해 주신 주님의 손길을 기억하며, 모든 영광을 주님께 돌립니다. 이 시작이 저희의 계획과 노력에 의지하지 않고, 온전히 주님의 뜻과 섭리에 따라 이루어지기를 간절히 소망합니다. 저희가 이 사업을 통해 단순히 물질적 성공만을 추구하는 것이 아니라, 주님의 영광을 드러내고 이웃에게 유익을 끼치는 도구가 되게 하여 주옵소서.

주님, 이 사업의 모든 과정과 결과를 주님께 맡겨드리며, 저희 부부에게 필요한 지혜와 분별력을 허락해 주옵소서. 저희가 결정을 내릴 때마다 주님의 말씀과 가르침을 중심에 두고 행동하게 하시며, 정직과 공의를 따라 사업을 운영하게 하옵소서. 저희가 어떤 상황에서도 타협하지 않고, 주님의 원칙과 진리를 지키는 자들이 되게 하여 주옵소서. 또한 어려움과 도전이 찾아올 때마다 두려움에 빠지지 않도록 담대함과 인내를 더하여 주시옵소서.

하나님, 저희 부부가 이 사업을 통해 서로를 더욱 격려하고 지지하며, 협력과 사랑으로 하나 되어 가정을 든든히 세워가게 하옵소서. 이 과정 속에서 저희의 관계가 더욱 깊어지며, 주님의 사랑을 본받아 서로를 아끼고 섬기는 부부가 되게 하여 주옵소서. 또한, 저희가 이 사업의 여정을 통해 다른 사람들에게도 주님의 사랑을 전하고, 진정한 선한 영향력을 끼칠 수 있는 도구가 되게 하여 주옵소서.

주님, 이 사업이 시작되는 모든 환경과 사람들을 축복하여 주시길 간구합니다. 함께 일하는 이들과 고객들에게도 주님의 평안과 은혜가 임하게 하시고, 이 사업의 터전이 사랑과 신뢰로 가득 찬 공간이 되게 하옵소서. 저희를 통해 주님께서 기뻐하시는 일들이 이루어지게 하시고, 저희의 사업이 지역 사회에 선한 열매를 맺는 통로가 되게 하옵소서.

하나님, 저희 부부의 삶의 모든 순간을 통해 주님께서 영광 받으시기를 원합니다. 사업과 가정이 주님의 축복 안에서 날마다 번영하며 성장하게 하시고, 그 모든 과정이 주님께 드리는 감사와 찬양으로 채워지게 하옵소서. 앞으로의 여정 속에서도 언제나 저희와 함께하시며, 주님의 인도하심을 신뢰하며 나아갈 수 있도록 저희의 믿음을 굳건히 세워 주옵소서.

예수 그리스도의 이름으로 기도드립니다. 아멘.

이웃에게 사랑을 전하는 부부기도문

사랑의 하나님 아버지,

저희 부부를 주님의 사랑으로 하나 되게 하시고, 함께 살아갈 수 있는 은혜를 허락하심에 감사드립니다. 오늘 저희가 간절히 기도드립니다. 저희 부부가 주님의 사랑을 이웃에게 전하며, 세상 속에서 주님의 빛과 소금이 되는 삶을 살아가게 하옵소서.

주님, 저희 마음을 주님의 사랑으로 가득 채워 주옵소서. 주님께서 저희를 무조건적으로 사랑하셨듯이, 저희도 그 사랑을 이웃에게 나누는 부부가 되게 하옵소서. 저희가 만나는 모든 이에게 따뜻함과 희망을 전하며, 말과 행동으로 주님의 사랑을 증거하게 하옵소서.

저희의 가정이 사랑이 흘러넘치는 축복의 통로가 되게 하시고, 주변 사람들에게 주님의 위로와 평화를 나눌 수 있는 가정이 되게 하옵소서. 저희가 가진 것을 아낌없이 나누며, 물질적 나눔뿐만 아니라 시간과 관심으로도 섬기는 부부가 되게 하옵소서.

주님, 저희 부부가 이웃의 필요에 민감한 마음을 갖게 하시고, 그들의 고통과 아픔을 외면하지 않게 하옵소서. 기도로 그들을 돕고, 주님의 이름으로 손을 내밀어 함께 걸어갈 수 있는 사랑의 동반자가 되게 하옵소서. 저희를 통해 주님의 사랑과 희망이 그들의 삶에 스며들게 하옵소서.

특히, 저희의 사랑이 조건이나 대가를 바라지 않게 하시고, 주님의 은혜로 자라난 진실된 사랑이 되게 하옵소서. 나눔과 섬김이 오히려 저희 부부의 사랑을 더욱 깊게 하고, 주님께로 가까이 나아가는 길이 되게 하옵소서.

이웃에게 사랑을 전하는 삶 속에서, 저희의 믿음도 성장하게 하시고, 주님께 더욱 헌신하며 살아가게 하옵소서. 저희의 삶을 통해 주님의 이름이 높임을 받고, 주님의 나라가 확장되기를 간절히 원합니다.

이 모든 말씀, 저희를 사랑으로 부르시고 섬김의 본을 보여주신 예수 그리스도의 이름으로 기도드립니다. 아멘.

가족과 친구를 축복하는 부부기도문

　사랑과 축복의 하나님 아버지,

　저희 부부를 주님의 은혜로 하나 되게 하시고, 주님께서 주신 가족과 친구들의 사랑 속에서 살아가게 하심에 감사드립니다. 오늘 이 시간, 저희가 가족과 친구들을 축복하는 부부가 되기를 소망하며 주님께 기도드립니다.

　주님, 저희 마음을 주님의 사랑으로 가득 채워 주옵소서. 저희를 통해 가족과 친구들이 주님의 사랑과 은혜를 경험하게 하시고, 저희의 말과 행동이 그들에게 위로와 기쁨이 되게 하옵소서. 주님께서 주신 관계들을 소중히 여기며, 사랑과 격려로 함께하는 부부가 되게 하옵소서.

　주님, 저희의 가족과 친구들의 삶을 축복하여 주옵소서. 그들의 건강과 평안을 지켜주시고, 각자의 삶 속에서 주님의 은혜와 축복이 넘치게 하옵소서. 그들이 어려움을 겪을 때에도 주님의 손길로 위로와 힘을 얻으며, 주님의 인도하심을 따라 나아가게 하옵소서.

저희 부부가 기도로 그들을 축복하게 하옵소서. 가족과 친구들의 필요를 주님께 올려드리며, 그들의 영혼과 삶이 주님의 사랑으로 충만해지기를 중보하는 부부가 되게 하옵소서. 저희의 축복의 기도가 그들에게 주님의 빛이 되게 하옵소서.

특히, 저희가 서로를 통해 가족과 친구들에게 주님의 사랑을 나누는 본이 되게 하옵소서. 가정의 평화와 화목을 통해 주님의 영광을 드러내고, 친구들과의 관계 속에서도 용서와 격려로 복음의 증인이 되는 부부가 되게 하옵소서.

주님, 저희 부부를 축복의 통로로 사용하여 주옵소서. 가족과 친구들을 섬기고, 그들의 필요를 채우며, 사랑의 손길을 전하는 부부가 되게 하옵소서. 저희의 삶이 그들의 삶에 희망과 기쁨을 더하는 도구가 되기를 원합니다.

이 모든 말씀, 저희를 사랑으로 축복하시고 구원의 길로 부르신 예수 그리스도의 이름으로 기도드립니다. 아멘.

Part 4

부부의 사랑과
관계를 위한 기도문

경제적인 문제를 극복하는 부부기도문

　사랑과 공급의 하나님 아버지,

　저희를 창조하시고, 삶의 모든 필요를 채우시는 주님께 감사드립니다. 오늘 경제적인 어려움 속에서 주님 앞에 엎드리며 기도드립니다. 저희의 형편과 상황을 아시는 주님께서 이 모든 문제를 극복할 수 있는 힘과 지혜를 허락하여 주옵소서.

　주님, 경제적인 문제로 인해 저희 마음이 불안하고 때로는 서로에게 실망하며 상처를 주기도 합니다. 그러나 주님 안에서 이 어려움을 함께 극복하기로 다짐합니다. 물질적인 부족함이 아니라, 주님을 의지하는 믿음의 풍성함을 누리는 저희가 되게 하옵소서. 이 상황 속에서도 저희의 필요를 채워주시는 주님의 손길을 신뢰하게 하시고, 저희가 주님의 공급하심을 깨닫고 감사하게 하옵소서. 또한, 주님의 방법으로 이 어려움을 헤쳐 나갈 수 있는 지혜를 허락하옵소서. 우리의 소득과 지출을 올바르게 관리할 수 있는 지혜를 주시고, 필요한 결정을 내릴 때 주님의 뜻을 구하며 나아가게 하옵소서.

주님, 경제적인 문제로 인해 저희 부부 사이에 불신과 갈등이 생기지 않도록 도와주시고, 오히려 서로를 더 이해하며 격려하는 계기가 되게 하옵소서. 서로를 원망하거나 탓하지 않게 하시고, 사랑과 존중으로 서로를 감싸 안으며, 한마음으로 이 문제를 해결해 나가게 하옵소서.

주님, 저희의 삶이 물질이 아니라 말씀 위에 세워지기를 원합니다. 물질적인 풍요를 추구하기보다, 주신 사명과 사랑을 따라 살아가는 삶이 되게 하옵소서. 그리고 저희가 가진 것이 부족할지라도, 그것을 나누고 베푸는 기쁨을 잊지 않게 하시며, 다른 이들의 필요에도 민감한 마음을 가지게 하옵소서.

주님, 특별히 저희의 미래를 위해 기도드립니다. 경제적으로 안정된 가정을 세우기 위해 노력하는 저희의 발걸음을 인도해 주시고, 필요한 기회를 허락하여 주옵소서. 또한, 이 과정 속에서 저희가 정직과 성실함을 잃지 않게 하시고, 어떤 유혹에도 흔들리지 않게 지켜 주옵소서.

저희 부부의 경제적 필요를 주님께 맡깁니다. 세상의 방법이 아닌 주님의 방법으로 이 문제를 해결할 수 있도록 도와주시고, 이 어려움을 통해 주님께 더욱 가까이 나아가는 시간이 되게 하옵소서. 주님께서 저희의 힘과 반석이 되어 주심을 믿으며, 모든 영광을 주님께 돌립니다.

예수 그리스도의 이름으로 기도드립니다. 아멘.

갈등을 극복하는 부부기도문(1)

사랑과 은혜가 충만하신 하나님 아버지,

오늘 이 시간 저희 부부가 주님 앞에 엎드려 기도드립니다. 우리의 마음을 살피시고, 저희의 여러가지 부족함을 채우시는 주님께 모든 것을 맡기며, 주님 안에서 서로를 다시 바라보고자 합니다.

주님, 저희를 하나로 묶으신 주님의 뜻을 기억하게 하옵소서. 부부의 연을 맺게 하시고, 사랑으로 함께 살아가게 하신 주님의 계획 안에서 저희가 걸어가게 하옵소서. 서로의 다름과 부족함으로 인해 생기는 갈등이 오히려 사랑을 깊게 하는 기회가 되게 하시고, 이해와 용서의 마음을 품게 하옵소서.

주님, 때로는 말이 상처가 되고, 행동이 무거운 짐이 되기도 합니다. 저희가 갈등 속에서 성급히 판단하거나 화를 내기보다, 주님의 평안을 구하며 인내와 온유로 서로를 대하게 하옵소서. 서로의 마음을 진정으로 이해하려는 노력을 멈추지 않게 하시고, 상대의 아픔을 내 아픔처럼 여길 수 있는 마음을 허락하옵소서.

주님, 부부의 중심에 주님을 모시기를 원합니다. 저희가 주님을 의지하며 삶의 모든 영역에서 주님의 뜻을 구할 때, 저희의 관계 또한 굳건히 세워지리라 믿습니다. 주님이 허락하신 사랑의 의미를 다시금 되새기며, 갈등을 극복하는 힘과 지혜를 주옵소서.

특별히, 주님께서 저희의 입술을 지켜 주시고, 따뜻한 말과 격려의 언어를 사용하게 하옵소서. 서로를 존중하며, 감사와 칭찬의 마음으로 대하며, 작은 일에도 기쁨을 나눌 수 있는 부부가 되게 하옵소서.

주님, 우리의 연약함이 주님의 강함으로 변화되기를 소망합니다. 저희가 서로에게 실망하거나 상처받을 때, 주님의 사랑으로 회복되게 하시고, 그 안에서 저희의 사랑 또한 더욱 깊어지게 하옵소서. 갈등을 두려워하지 않게 하시고, 그 과정을 통해서 성장하며 주님 안에서 더 단단해지는 부부가 되게 하옵소서.

이 모든 말씀, 우리의 구주 되신 예수 그리스도의 이름으로 기도드립니다. 아멘.

갈등을 극복하는 부부기도문(2)

화해와 평화의 하나님 아버지,

저희를 사랑으로 하나 되게 하시고, 갈등과 어려움 속에서도 서로를 이해하고 존중할 수 있는 은혜를 주심에 감사드립니다. 오늘 이 시간, 저희 부부가 갈등을 극복하고 주님의 사랑 안에서 평화와 화합을 이루는 부부가 되기를 간절히 기도드립니다.

주님, 저희가 서로의 차이를 인정하고, 서로의 마음을 이해하는 태도를 갖게 하옵소서. 갈등이 일어날 때마다 감정에 휘둘리지 않게 하시고, 주님의 평안을 먼저 구하며, 서로의 입장을 존중하는 부부가 되게 하옵소서. 저희가 대화 속에서 사랑과 인내를 잃지 않고, 항상 화합의 길을 찾게 하옵소서.

주님, 저희가 갈등을 해결하는 과정 속에서 서로를 향한 용서와 겸손을 배우게 하옵소서. 상처를 주고받았을 때에도 주님의 사랑을 기억하며, 서로를 용서하고, 회복의 길로 나아가게 하옵소서. 저희가 기도와 말씀을 통해 서로를 용서하고,

주님의 은혜로 관계가 회복되기를 간절히 원합니다.

또한, 저희 부부가 갈등을 극복할 때마다 더욱 깊은 신뢰와 사랑으로 연결되게 하옵소서. 갈등을 통해 더 나은 관계로 성장하며, 주님께서 주시는 평강을 경험하는 부부가 되게 하옵소서. 저희의 삶 속에서 무엇보다도 주님의 뜻을 이루며, 서로가 서로에게 사랑의 본이 되어 주님께 영광을 돌리게 하옵소서.

주님, 저희의 가정에 항상 평화와 화합이 가득하게 하시고, 갈등 속에서도 주님의 사랑이 드러나게 하옵소서. 저희가 사랑과 존중의 마음으로 주님과 함께 이 길을 걸어가게 하시고, 모든 갈등이 주님의 은혜로 해결되는 축복을 경험하게 하옵소서.

이 모든 말씀, 갈등을 극복하시는 주님의 사랑 안에서 기도드립니다. 예수 그리스도의 이름으로 기도드립니다. 아멘.

서로를 위한 중보자가 되는 부부기도문

사랑과 은혜의 하나님 아버지,

저희를 하나로 묶어 주시고, 서로를 위해 기도할 수 있는 귀한 축복을 주심에 감사드립니다. 오늘 저희 부부가 서로의 중보자가 되기를 소망하며, 주님께 간절히 기도드립니다. 저희가 서로를 위해 늘 깨어 기도하며, 믿음 안에서 동행하는 부부가 되게 하옵소서.

주님, 저희가 서로의 필요와 마음을 주님께 올려드리는 중보자가 되게 하옵소서. 배우자가 겪는 어려움과 아픔을 외면하지 않고, 함께 아파하며 주님께 의탁하는 부부가 되게 하옵소서. 저희의 기도를 통해 배우자가 위로와 힘을 얻으며, 주님의 평강과 사랑을 경험하게 하옵소서.

저희가 서로의 영적 성장과 믿음을 위해 기도하게 하옵소서. 주님의 말씀으로 충만하고 성령님의 인도하심을 받는 삶을 살도록, 끊임없이 중보하는 부부가 되게 하옵소서. 또한, 저희 부부의 약함을 위해 기도하며, 주님의 능력과 은혜가 우리들의 삶을 채우도록 간구하게 하옵소서.

특히, 저희가 갈등과 어려움을 만날 때에도, 원망과 비난이 아닌 기도로 서로를 돕게 하옵소서. 배우자의 부족함을 탓하기보다, 사랑과 기도로 저희들의 연약함을 주님께 올려드리는 부부가 되게 하옵소서. 기도의 자리에서 화해와 치유를 경험하며, 더욱 단단한 사랑의 관계를 이루게 하옵소서.

주님, 저희의 기도가 가정을 넘어 자녀와 이웃을 위한 중보로 확장되게 하옵소서. 저희 가정을 주님의 사랑과 은혜가 흐르는 축복의 통로로 삼아 주시고, 중보의 기도를 통해 주님의 일하심을 경험하게 하옵소서.

서로를 위해 기도하는 시간이 저희 부부의 관계를 더욱 깊고 풍성하게 하며, 주님과의 관계를 더 가까이 연결하는 시간이 되게 하옵소서. 저희의 기도가 주님께 기쁨이 되고, 저희 가정이 주님께 영광 돌리는 가정이 되게 하옵소서.

이 모든 말씀, 저희를 위해 중보하시는 예수 그리스도의 이름으로 기도드립니다. 아멘.

서로를 존중하는 부부기도문

　존귀하시고 사랑이 풍성하신 하나님 아버지,

　저희를 주님의 은혜로 하나 되게 하시고, 서로를 존중하며 살아갈 수 있는 축복을 주심에 감사드립니다. 오늘 이 시간, 저희 부부가 항상 서로를 존중하고, 서로의 가치를 인정하며, 그안에서 인도하시는 주님의 사랑을 실천하는 부부가 되기를 간절히 기도드립니다.

　주님, 저희가 상대방을 귀히 여기고, 말과 행동 속에서 서로를 존중하는 부부가 되게 하옵소서. 작은 일에도 상대방의 의견을 경청하고, 서로의 생각과 감정을 존중하며, 상대방의 존재를 귀하게 여기는 마음을 허락하여 주옵소서. 저희가 서로의 강점뿐만 아니라, 연약함을 이해하고 받아들이며, 사랑으로 존중하는 관계가 되게 하옵소서.

　특히, 갈등이 있을 때에도 서로를 존중하는 태도를 잃지 않게 하시고, 비난이나 공격이 아닌 격려와 이해로 문제를 해결하게 하옵소서. 존중과 사랑과 이해심이 저희 부부의 대화 속에서 항상 흐르게 하시고, 주님의 평안을 나누는 부부가 되게 하옵소서.

주님, 저희가 서로를 존중함으로써 가정의 꿈을 지원하고, 각자의 길을 함께 걸어가게 하옵소서. 상대방의 필요와 욕구를 존중하고, 상대방의 삶을 축복하는 마음으로 사랑을 표현하는 부부가 되게 하옵소서. 또한, 저희의 존중과 사랑이 자녀와 이웃에게도 전해져, 주님의 사랑이 그들 속에 드러나게 하옵소서.

저희가 서로를 존중할 때, 그 존중이 주님께 영광을 돌리는 삶이 되게 하시고, 저희 가정이 주님의 사랑과 존중으로 가득 차서 많은 사람들에게 좋은 영향을 미칠 수 있도록 인도하여 주옵소서.

이 모든 말씀, 서로를 존중하시며 사랑하시는 예수 그리스도의 이름으로 기도드립니다. 아멘.

서로를 진정으로 용서하는 부부기도문

　사랑과 용서의 하나님 아버지,

　저희를 주님의 사랑으로 묶어주시고, 서로를 향한 용서와 화해의 길로 인도하시는 인자하신 하나님께 감사드립니다. 오늘 이 시간, 저희 부부가 진정으로 서로를 용서하며, 주님의 사랑 안에서 더욱 깊은 관계를 맺기를 소망하며 기도드립니다.

　주님, 저희 마음을 만져 주셔서 상대방의 잘못을 정죄하거나 탓하지 않게 하시고, 주님의 은혜와 사랑을 기억하며 용서의 마음을 품게 하옵소서. 주님께서 저희의 죄를 용서하신 것처럼, 저희도 상대의 실수와 연약함을 진심으로 용서할 수 있는 은혜를 주옵소서.

　주님, 용서는 때로 어렵고, 마음의 상처가 아물지 않아 힘들 때도 있습니다. 그러나 그 순간마다 주님의 사랑이 저희 안에서 역사하게 하시고, 주님의 힘으로 용서할 수 있는 능력을 허락하여 주옵소서. 저희의 연약함을 주님께 맡기며, 용서를 통해 회복과 평화를 누리게 하옵소서.

저희 부부가 갈등과 아픔의 순간에도 대화의 문을 열고, 상대의 마음을 이해하며, 진정성 있는 화해의 길을 걸어가게 하옵소서. 혀로 서로에게 상처를 주는 일이 없도록 도와 주시옵소서. 용서와 화해가 단지 말에 그치지 않고, 사랑의 행동으로 이어져 서로를 새롭게 세워주는 부부가 되게 하옵소서.

주님, 용서를 통해 저희의 관계를 더욱 깊고 단단하게 하옵소서. 서로의 다름과 연약함을 이해하며, 주님께서 주신 사랑으로 서로를 돌보고 섬기는 부부가 되게 하옵소서. 저희 가정이 화목과 사랑으로 가득 차, 용서와 화해의 본이 되게 하옵소서.

이 모든 말씀, 저희를 끝까지 용서하시고 사랑하신 예수 그리스도의 이름으로 기도드립니다. 아멘.

서로의 은사를 발견하는 부부기도문(1)

　은혜와 사랑의 하나님 아버지,

　저희를 주님의 뜻 안에서 하나로 묶어주시고, 서로를 통해 주님의 놀라운 계획과 은혜를 경험하게 하심에 감사드립니다. 오늘 이 시간, 저희가 서로의 은사를 발견하고, 그 은사를 통해 주님께 영광 돌리는 부부가 되기를 소망하며 기도드립니다.

　주님, 저희에게 주신 각각의 재능과 은사를 깨닫게 하옵소서. 저희가 서로의 특별한 달란트를 알아보고 감사하는 마음을 갖게 하시고, 그 은사를 격려하고 키워주는 부부가 되게 하옵소서. 주님의 선물로 주어진 은사들이 저희 가정과 이웃을 섬기는 도구가 되게 하옵소서.

　특히, 저희 부부가 서로를 바라볼 때 단순한 인간적인 관점이 아니라 주님의 시선으로 보게 하옵소서. 배우자의 강점을 인정하고 칭찬하며, 연약함까지도 품어주는 사랑의 마음을 허락하여 주옵소서. 서로의 은사를 발견하고 그것을 주님의 사역에 사용하도록 격려하며 함께 걸어가게 하옵소서.

주님, 저희 부부가 주님께서 허락하신 은사를 하나로 모아, 주님의 뜻을 이루어가는 동역자가 되게 하옵소서. 서로의 재능이 조화를 이루어, 주님의 사랑과 은혜를 나타내는 가정이 되게 하시고, 세상 속에서 주님의 빛과 소금의 역할을 감당하게 하옵소서.

은사를 발견하는 과정에서 저희가 끊임없이 주님의 지혜를 구하게 하옵소서. 기도로 주님의 뜻을 분별하며, 주님의 인도하심을 따라 겸손히 나아가는 부부가 되게 하옵소서. 은사가 자랑이 아니라 섬김의 도구가 되게 하시고, 서로의 재능이 주님의 이름을 높이는 데 사용되게 하옵소서.

주님, 저희의 가정이 주님의 은사를 나누는 축복의 통로가 되게 하옵소서. 주님께서 주신 은사들을 자녀와 이웃에게도 흘려보내며, 주님의 사랑과 진리를 전하는 삶을 살아가게 하옵소서. 서로의 은사를 발견하며 더욱 하나가 되는 은혜를 허락하여 주옵소서.

이 모든 말씀, 저희에게 각기 다른 은사를 주시고 그 은사를 통해 하나 되게 하시는 예수 그리스도의 이름으로 기도드립니다. 아멘.

서로의 은사를 발견하는 부부기도문(2)

　사랑과 은혜의 하나님 아버지,

　저희를 부부로 하나 되게 하시고, 함께 주님의 뜻을 이루어 가도록 인도해 주심에 감사드립니다. 오늘 저희는 주님께서 각자에게 허락하신 은사를 발견하고, 그 은사를 주님의 영광을 위해 아름답게 사용하기를 기도합니다.

　주님, 저희 부부에게 각기 다른 재능과 능력을 허락하셨음을 믿습니다. 그러나 때로는 서로의 차이를 이해하지 못하고, 비교하거나 간과하며 살아갈 때가 있음을 고백합니다. 저희가 서로를 향한 주님의 계획을 더욱 깊이 깨닫고, 상대방의 은사를 인정하며 격려하는 부부가 되게 하옵소서.

　주님께서 저희에게 맡기신 역할을 기쁘게 감당하게 하시고, 서로의 강점을 세워 주며, 부족한 부분은 채워 주는 동반자가 되게 하옵소서. 저희가 서로의 은사를 통해 가정과 교회, 그리고 이웃을 섬길 수 있도록 인도하여 주옵소서.

　저희 가정이 주님의 선한 일을 이루는 통로가 되게 하시고,

저희가 받은 은사가 이 세상을 밝히는 빛과 소금이 되도록 사용되게 하옵소서. 서로를 돕고 세워 줄 때마다 주님께서 더욱 기뻐하시며 저희를 축복하실 것을 믿습니다

하나님, 저희의 마음이 교만하거나 시기하지 않도록 지켜 주시고, 오직 주님께서 주신 것에 감사하며, 그것을 기쁨으로 나누는 삶을 살아가게 하옵소서. 저희 부부가 함께 주님의 뜻을 이루어 가는 동역자로서, 믿음과 사랑 안에서 하나 되어 나아가기를 원합니다.

이 모든 기도를 저희를 창조하시고, 아름다운 목적을 주신 예수 그리스도의 이름으로 간절히 기도드립니다. 아멘.

서로를 칭찬하는 부부기도문

사랑과 격려의 하나님 아버지,

저희 부부를 주님의 은혜로 하나로 묶어주시고, 함께 살아갈 수 있는 축복을 주심에 감사드립니다. 오늘 이 시간, 저희가 서로를 칭찬하고 격려하며, 주님의 사랑 안에서 더욱 깊은 관계를 맺어가는 부부가 되기를 소망하며 기도드립니다.

주님, 저희가 서로의 장점을 발견하고 칭찬하는 눈을 열어주옵소서. 때로는 익숙함 속에서 상대의 귀한 모습을 지나칠 때도 있지만, 주님의 시선으로 배우자를 바라보며 감사와 칭찬의 말을 아끼지 않는 부부가 되게 하옵소서. 작은 일에도 서로를 격려하며, 사랑의 말로 마음을 따뜻하게 하는 삶을 살아가게 하옵소서.

주님, 칭찬은 사랑의 씨앗임을 믿습니다. 저희가 상대의 수고와 노력을 소중히 여기고, 감사하는 마음을 말로 표현하게 하옵소서. 비난과 불평 대신 칭찬과 격려가 넘치는 대화로, 저희 가정이 사랑과 평안으로 가득 차게 하옵소서.

저희의 말이 배우자의 마음에 생명을 불어넣는 도구가 되게 하시고, 상대방을 세워주고 기쁨을 주는 축복의 말이 되게 하옵소서. 특히, 서로의 부족함을 사랑으로 덮고, 칭찬과 격려를 통해 그 부족함마저 성장과 배움의 기회로 바꾸게 하옵소서.

주님, 칭찬의 말이 단순한 입술의 고백을 넘어 진심으로 전달되게 하옵소서. 상대방의 가치를 인정하고 존중하며, 서로의 존재를 귀히 여기는 부부가 되게 하옵소서. 주님께서 주신 배우자의 특별함을 기뻐하며, 그 안에서 감사와 찬양을 올리는 마음을 허락하여 주옵소서.

저희 가정이 칭찬과 격려의 문화로 주님의 사랑을 드러내는 가정이 되게 하옵소서. 자녀와 이웃들에게도 본이 되는 부부가 되어, 저희의 삶을 통해 주님의 은혜와 사랑이 흘러가게 하옵소서.

이 모든 말씀, 칭찬과 사랑의 본이 되신 예수 그리스도의 이름으로 기도드립니다. 아멘.

서로를 격려하는 부부기도문

사랑과 위로의 하나님 아버지,

저희 부부를 사랑으로 묶어주시고, 함께 삶의 여정을 걸어가게 하심에 감사드립니다. 오늘 저희가 주님 앞에 나아와 간구합니다. 저희 부부가 서로를 격려하며 주님의 사랑 안에서 성장하고, 기도 안에서 평안과 기쁨으로 가득한 관계를 이루게 하옵소서.

주님, 저희가 서로의 수고와 노력을 귀하게 여기며 감사하는 마음을 품게 하옵소서. 작은 일에도 따뜻한 말로 격려하고, 상대방의 마음을 위로하며, 주님께서 주시는 평강과 사랑을 나누는 부부가 되게 하옵소서. 어려운 순간에도 함께 기도하며 주님께 소망을 두고 서로를 세워주는 동반자가 되게 하옵소서.

주님, 저희가 서로의 부족함과 연약함을 탓하기보다, 주님의 사랑으로 감싸고 이해하는 부부가 되게 하옵소서. 서로의 장점을 발견하며 칭찬과 격려를 아끼지 않게 하시고, 상처

주는 말 대신 사랑의 말로 상대방을 세우게 하옵소서. 저희의 대화와 행동 속에서 주님의 사랑과 은혜가 드러나게 하옵소서.

특히, 저희가 서로를 위해 기도하며 영적으로도 격려하는 부부가 되게 하옵소서. 주님의 말씀 안에서 함께 성장하며, 믿음의 여정을 동행하는 부부가 되기를 소망합니다. 서로를 위해 중보하며, 주님의 뜻을 따라 사랑과 격려의 가정을 이루게 하옵소서.

주님, 저희 가정이 격려와 사랑의 샘물이 되게 하옵소서. 저희 부부의 말과 행동이 자녀와 사회에 선한 영향력을 미치게 하시고, 저희의 삶을 통해 주님의 사랑과 은혜가 전해지게 하옵소서. 저희 가정이 주님의 빛과 소금이 되는 가정으로 서게 하옵소서.

이 모든 말씀, 서로를 격려하며 사랑으로 하나 되게 하시는 예수 그리스도의 이름으로 기도드립니다. 아멘.

서로를 위로하는 부부기도문

위로와 평강의 하나님 아버지,

저희를 주님의 사랑으로 묶어 주시고, 삶의 기쁨과 고난 속에서 서로를 위로하며 함께 걸어갈 수 있도록 인도해 주심에 감사드립니다. 오늘 이 시간, 저희 부부가 주님의 은혜 안에서 서로를 위로하고 세워주는 부부가 되기를 간절히 기도드립니다.

주님, 저희가 서로의 아픔과 어려움을 외면하지 않게 하옵소서. 배우자의 마음을 헤아리는 공감과 이해의 마음을 주시고, 작은 슬픔에도 따뜻한 말과 행동으로 위로할 수 있는 부부가 되게 하옵소서. 주님의 사랑이 저희의 말과 손길을 통해 배우자의 마음에 전해지게 하옵소서.

저희가 어려움 속에서도 서로를 책망하거나 비난하지 않고, 주님의 평강으로 상대방을 감싸고 지지하게 하옵소서. 고난의 순간마다 주님께 나아가 함께 기도하며, 주님의 능력을 의지하고 서로에게 힘이 되는 동반자가 되게 하옵소서.

주님, 저희의 위로가 단지 말에 머물지 않고, 행동으로 드러나는 사랑이 되게 하옵소서. 서로의 피로를 덜어주고, 기쁨을 나누며, 무거운 짐을 함께 짊어질 수 있는 헌신과 섬김의 부부로 세워 주옵소서. 또한, 주님의 위로를 경험함으로써 배우자뿐 아니라 다른 사람들에게도 주님의 위로를 나눌 수 있는 축복의 통로가 되게 하옵소서.

저희의 관계 속에 주님의 평강이 가득하게 하시고, 위로를 통해 서로에 대한 신뢰와 사랑이 더욱 더 깊어지게 하옵소서. 저희 가정이 주님의 사랑과 위로가 넘치는 곳이 되어, 세상을 비추는 빛이 되어 주님의 위로와 희망을 여러곳에 전할 수 있게 하옵소서.

이 모든 말씀, 온전한 위로와 평강의 근원이 되시는 예수 그리스도의 이름으로 기도드립니다. 아멘.

서로의 짐을 나누는 부부기도문

모든 짐을 맡아주시는 하나님 아버지,

저희를 사랑으로 하나 되게 하시고, 삶의 무거운 짐을 서로 나누며 동행할 수 있는 부부로 굳건히 세워 주심에 진심으로 감사드립니다. 오늘 이 시간, 저희가 주님 안에서 서로의 짐을 나누고 함께 짊어지는 은혜로운 부부가 되기를 간절히 기도드립니다.

주님, 저희에게 배우자의 짐을 이해하고 공감하는 마음을 허락하여 주옵소서. 상대방의 마음 속에 있는 고민과 아픔을 외면하지 않게 하시고, 진심으로 그 짐을 함께 나눌 수 있는 사랑과 지혜를 주옵소서. 서로를 위로하며, 주님의 평강으로 배우자의 마음을 가득 채울 수 있는 믿음의 동반자가 되게 하옵소서.

특히, 저희가 자신만의 문제에만 몰두하지 않게 하시고, 배우자의 필요를 먼저 살피는 부부가 되게 하옵소서. 상대방의 수고와 헌신을 귀히 여기며, 작은 도움이라도 기꺼이 나누며 함께 걸어가게 하옵소서. 주님의 사랑이 저희의 섬김 속에 드러나게 하옵소서.

주님, 저희 부부가 서로의 짐을 나누는 것뿐만 아니라, 그 짐을 함께 주님께 올려드리게 하옵소서. 주님께서 저희를 대신하여 짐을 지셨듯이, 저희가 기도와 믿음으로 주님께 의지하며 모든 무거운 짐을 부담없이 맡길 수 있는 부부가 되게 하옵소서.

서로의 짐을 나누는 과정을 통해 저희의 사랑과 신뢰가 더욱 깊어지게 하시고, 저희의 관계 속에 주님의 평강과 기쁨이 넘치게 하옵소서. 또한, 저희 가정이 주님께 받은 은혜와 사랑을 이웃과 나누며, 다른 사람들의 짐을 덜어주는 축복의 통로가 되게 하옵소서.

이 모든 말씀, 저희의 짐을 대신 지시고 평안을 주시는 예수 그리스도의 이름으로 기도드립니다. 아멘.

서로의 아픔을 치유하는 부부기도문

치유와 회복의 하나님 아버지,

저희 부부를 사랑으로 하나 되게 하시고, 주님의 은혜 안에서 함께 살아가게 하심에 진심으로 감사를 드립니다. 이 시간, 서로의 아픔을 주님께 올려드리며 치유와 회복을 간구합니다. 저희의 상처받은 마음을 만지시고, 주님의 평강으로 채워 주옵소서.

주님, 저희가 세상을 살아가며 많은 순간 서로를 이해하지 못하고, 의도치 않게 상처를 주고받았음을 고백합니다. 때로는 말로, 때로는 침묵으로 상대방의 마음을 아프게 했던 저희의 연약함을 용서하여 주옵소서. 이제는 주님 안에서 서로의 아픔을 바라보고, 위로하면서 치유하는 부부가 되기를 소망합니다.

주님, 저희에게 따뜻한 말과 행동으로 서로를 격려하는 마음을 주옵소서. 상대방의 상처를 외면하지 않고, 함께 느끼고 공감하며 주님의 사랑으로 감싸게 하옵소서. 서로의 고통 속에서 주님의 위로를 발견하며, 아픔이 회복의 기회로 바뀌게 하옵소서.

특히, 저희가 서로를 용서하는 은혜를 누리게 하옵소서. 상처로 인해 마음에 남아 있는 원망과 아픔이 주님 안에서 녹아지게 하시고, 용서를 통해 자유롭게 하옵소서. 서로를 더 깊이 이해하며, 주님 안에서 사랑으로 하나 되게 하옵소서.

주님, 저희의 약함을 주님께 맡깁니다. 인간의 힘으로는 다 이해할 수도, 온전히 치유할 수도 없지만, 주님께서 저희를 만지실 때 모든 것이 새로워질 줄 믿습니다. 저희 부부의 관계를 회복시키시고, 상처받은 마음을 주님의 평강과 기쁨으로 가득 채워 주옵소서.

주님, 저희가 서로의 아픔을 함께 짊어지며, 기도와 사랑으로 더욱 가까워지게 하옵소서. 서로의 고통 속에서도 주님의 은혜를 발견하며, 아픔이 오히려 저희 부부를 더 단단하게 묶어주는 사랑의 기초가 되게 하옵소서.

저희를 치유와 회복의 길로 인도하실 주님을 신뢰하며, 이 모든 말씀 우리의 위로자이신 예수 그리스도의 이름으로 기도드립니다. 아멘.

서로 소통하는 부부를 위한 기도

사랑과 은혜의 하나님 아버지,

저희를 부부로 하나 되게 하시고, 주님의 사랑 안에서 함께 살아가게 하심에 감사드립니다. 오늘 저희는 서로의 마음을 잘 나누고, 살아가면서 생기는 여러 일들을 소통할 수 있는 부부가 되기를 간구합니다.

주님, 저희가 서로의 말을 경청하는 지혜를 주옵소서. 상대방의 마음을 진심으로 이해하고, 그 마음을 헤아릴 수 있는 넉넉한 사랑을 허락하여 주옵소서. 말보다 귀를 먼저 열게 하시고, 판단이나 비난이 아닌 서로를 격려와 위로로 대화하게 하옵소서.

저희가 말할 때에 진실과 사랑으로 전하게 하시고, 그 말이 상처가 아닌 치유와 화평을 이루는 도구가 되게 하옵소서. 말투 하나, 감정 표현 하나에도 주님의 사랑이 깃들게 하시며, 분노나 서운함 대신에 온유함과 인내로 서로를 대하게 하옵소서.

갈등이 생길 때 주님께서 저희 마음을 붙들어 주셔서, 분열과 오해가 아닌 화해와 이해로 살아가게 하옵소서. 다툼 속에서도 쉽게 단정하거나 마음을 닫지 않게 하시고, 오히려 서로의 차이를 존중하며 더 깊은 관계로 성장하는 기회가 되게 하옵소서.

하나님, 저희가 소통을 통해 서로의 필요와 감정을 나누며, 주님께서 허락하신 가정을 더욱 사랑과 신뢰로 세워 가게 하옵소서. 저희 부부의 대화 속에서 주님의 뜻을 발견하고, 주님이 기뻐하시는 부부의 모습으로 살아가도록 인도하여 주옵소서.

저희 가정이 사랑과 평화의 대화로 가득 차게 하시고, 그 대화를 통해 주님께 감사와 찬양을 올려 드리는 부부가 되기를 원합니다.

이 모든 것을 주님께 맡기며, 예수 그리스도의 이름으로 기도드립니다. 아멘.

서로를 위해 희생하는 부부기도문(1)

사랑과 희생의 본을 보여주신 하나님 아버지,

저희 부부를 하나로 묶어주시고, 서로를 사랑하며 함께 살아가게 하심에 감사드립니다. 저희가 주님의 사랑을 본받아 서로를 위해 기꺼이 희생하며 살아가는 부부가 되기를 소망하며 기도드립니다.

주님, 저희의 연약함을 아시는 주님께서 저희의 마음을 새롭게 하여 주옵소서. 저희가 자신의 유익만을 구하지 않고, 배우자의 행복과 필요를 먼저 생각하며, 서로를 위해 헌신하는 마음을 갖게 하옵소서. 주님께서 보여주신 섬김과 사랑을 저희의 삶 속에서도 실천하게 하옵소서.

저희 부부가 서로를 이해하며 희생을 통해 더 깊은 사랑을 나누게 하옵소서. 작은 일에도 서로를 위해 기꺼이 시간과 정성을 들이며, 감사와 격려로 상대를 세우는 부부가 되게 하옵소서. 어려운 순간에도 서로를 위해 헌신하며, 주님의 사랑으로 더욱 단단히 묶여지는 은혜를 허락하여 주옵소서.

주님, 때로는 희생이 고단하고 어려울 때도 있습니다. 그러나 저희가 그 순간에도 주님을 의지하며, 주님의 기쁨과 평안을 누리게 하옵소서. 서로를 위해 기도하며, 희생 속에서도 감사와 기쁨을 발견하는 믿음의 부부가 되게 하옵소서.

특별히, 저희 부부의 희생이 단지 서로를 위한 것에 그치지 않고, 자녀와 이웃에게까지 주님의 사랑을 나누는 통로가 되게 하옵소서. 저희들의 가정을 통해 주님의 섬김과 사랑이 흘러가고, 저희의 모든 행동들이 주님의 이름을 높이는 삶이 되게 하옵소서.

주님께서 저희를 위해 십자가에서 모든 것을 내어주셨듯이, 저희도 서로를 위해 기꺼이 헌신하며, 주님의 사랑을 실천하는 부부가 되게 하옵소서. 주님 안에서 희생이 헛되지 않음을 믿으며, 서로를 통해 주님의 은혜를 더 깊이 경험하게 하옵소서.

이 모든 말씀, 저희의 사랑과 헌신을 완성하시는 예수 그리스도의 이름으로 기도드립니다. 아멘.

서로를 위해 희생하는 부부기도문(2)

사랑과 헌신의 하나님 아버지,

저희를 사랑으로 하나 되게 하시고, 서로를 위한 동반자로 세워 주심에 감사드립니다. 오늘 이 시간, 저희가 서로를 위해 기꺼이 희생하며 살아가는 부부가 되기를 소망하며 주님께 기도드립니다.

주님, 저희 마음에 주님의 사랑을 새겨 주옵소서. 주님께서 저희를 위해 모든 것을 내어주신 그 놀라운 사랑을 기억하며, 저희도 그 사랑을 본받아 배우자를 위해 희생하는 부부가 되게 하옵소서. 상대방의 필요를 먼저 생각하고, 서로를 위해 아낌없이 섬기며, 작은 일에도 기쁨으로 헌신할 수 있는 마음을 주옵소서.

주님, 때로는 희생이 어렵고 고단하게 느껴질 때도 있습니다. 그러나 그 순간마다 주님의 은혜를 기억하게 하시고, 주님께서 주시는 힘으로 그 길을 기쁨으로 걸어가게 하옵소서. 희생이 저희의 관계를 더욱 단단히 세우고, 주님 안에서 깊은 사랑과 신뢰를 쌓아가는 계기가 되게 하옵소서.

저희가 서로를 위해 희생할 때, 그것이 억지가 아니라 주님의 사랑 안에서 우러나는 기쁨이 되게 하옵소서. 배우자의 행복과 평안을 보며 감사하는 마음을 주시고, 그 섬김을 통해 저희의 사랑이 더욱 깊어지게 하옵소서.

주님, 저희 부부가 함께 헌신하며 가정을 세워갈 때, 주님의 인도하심을 따라 살아가게 하옵소서. 희생과 섬김이 자녀들에게도 선한 영향력을 끼치게 하시고, 저희의 가정을 통해 주님의 사랑이 드러나게 하옵소서.

서로를 위해 희생하는 삶이 결국 주님께 영광을 돌리는 삶임을 깨닫게 하시고, 그 안에서 주님의 기쁨과 평안을 누리게 하옵소서. 저희의 작은 헌신이 주님께서 이루실 큰 계획의 일부가 되기를 간절히 원합니다.

이 모든 말씀, 저희를 위해 온전히 희생하신 예수 그리스도의 이름으로 기도드립니다. 아멘.

스트레스를 극복하는 부부의 기도

사랑과 평강의 하나님 아버지,

저희를 하나로 묶어 주시고 삶의 모든 순간에 항상 함께하심에 감사드립니다. 오늘 저희 부부는 일상의 무게와 스트레스를 주님 앞에 내려놓고, 주님의 평안을 구하며 기도로 나아갑니다.

주님, 삶의 여러 가지 일들로 저희 마음이 무겁고 지칠 때, 저희가 주님 안에서 참된 쉼과 위로를 찾게 하옵소서. 저희가 스스로 감당하려는 무거운 짐을 내려놓고, 주님께 맡기며 주님의 능력을 의지하게 하옵소서.

저희 부부가 서로에게 스트레스의 원인이 아닌 평안의 통로가 되게 하시고, 상대방의 어려움을 헤아리고 공감하며 위로의 말과 행동으로 힘이 되어 주게 하옵소서. 때로는 부족한 인내와 잘못된 말이 상처를 주기도 하지만, 그 안에서도 서로를 용서하고 사랑으로 보듬을 수 있는 마음을 허락하여 주옵소서.

주님, 스트레스가 저희를 지치게 하거나 관계를 무너뜨리지 않도록 저희 마음과 생각을 지켜 주시고, 주님의 말씀과 기도를 통해 새로운 힘과 소망을 얻게 하옵소서. 또한, 저희가 건강한 방식으로 스트레스를 해소하며, 주님 안에서 평안을 찾는 법을 배우게 하옵소서.

일상 속에서 주님께서 주시는 작은 기쁨과 감사의 순간을 발견하게 하시고, 그 안에서 회복과 치유의 은혜를 누리게 하옵소서. 저희 부부가 스트레스를 넘어서는 강한 믿음과 기도로 주님 안에서의 기쁨을 소유할 수 있도록 도와주시길 간구합니다.

주님, 저희 삶의 중심이 되시고, 어떤 상황 속에서도 저희가 주님의 손을 붙들고 평안을 누리게 하옵소서. 날마다 주님께 의지하며 살아가는 부부가 되도록 인도하여 주옵소서.

이 모든 기도를 저희에게 힘과 평안을 주시는 예수 그리스도의 이름으로 드립니다. 아멘.

외로움을 극복하는 부부기도문

위로와 사랑의 하나님 아버지,

저희 부부를 사랑으로 하나 되게 하시고, 삶의 여정을 함께 걸어가게 하심에 감사드립니다. 하지만 오늘 이 시간, 저희가 느끼는 외로움과 고립감을 주님 앞에 내려놓습니다. 주님의 은혜로 저희의 마음을 채우시고, 서로를 통해 깊은 위로와 사랑을 나누는 부부가 되게 하옵소서.

주님, 저희가 같은 공간에 있어도 마음이 멀어질 때가 있음을 고백합니다. 서로를 더 깊이 이해하고 보듬어주지 못했음을 용서하여 주옵소서. 이제는 주님의 사랑으로 서로의 마음을 가까이하며, 진정한 대화와 교감을 나누는 부부가 되게 하옵소서.

주님, 외로움은 사람의 마음을 무겁게 하고, 관계를 약하게 만듭니다. 하지만 저희 부부가 그 외로움을 함께 이겨내고, 주님 안에서 서로를 위로하며 격려하게 하옵소서. 주님께서 허락하신 배우자가 외로움을 덜어줄 귀한 동반자임을 깨닫고, 서로에게 더 따뜻한 마음으로 다가갈 수 있도록 은혜를 베풀어 주옵소서.

저희가 외로움을 느낄 때 주님께 나아가게 하시고, 기도 속에서 주님의 음성을 듣게 하옵소서. 주님의 평안과 사랑으로 저희의 빈 마음을 채우시고, 그 사랑이 부부 사이에 흐르게 하옵소서. 주님 안에서 외로움은 더 이상 저희를 붙들지 못하며, 저희의 관계는 더욱 단단해질 줄 믿습니다.

주님, 저희가 서로의 존재를 소중히 여기고, 작은 일에도 감사를 나누며, 서로를 위해 기도하는 부부가 되게 하옵소서. 따뜻한 말과 배려로 마음을 나누게 하시고, 함께하는 순간을 축복으로 여길 줄 아는 지혜를 허락하여 주옵소서.

외로움 속에서도 주님께서 항상 저희와 함께하심을 믿으며, 그 사랑을 통해 희망과 기쁨을 회복하게 하옵소서. 저희 부부가 주님께서 주신 사명을 기억하며, 사랑의 증거가 되는 가정을 이루게 하옵소서.

이 모든 말씀, 저희의 위로자이신 예수 그리스도의 이름으로 기도드립니다. 아멘.

출장 떠나는 배우자를 위한 부부기도문

사랑과 은혜가 넘치시는 하나님 아버지,

오늘 사랑하는 배우자가 새로운 사명과 책임을 감당하기 위해 출장길에 오릅니다. 저희 부부를 하나 되게 하신 주님께 감사드리며, 지금 이 순간 그의 모든 발걸음을 주님께 맡겨드립니다.

주님, 그가 떠나는 길의 첫걸음부터 마지막까지 주님께서 동행하여 주시고, 모든 여정 속에서 그의 안전을 지켜 주옵소서. 비행기, 기차, 차량 등 어떤 교통수단을 이용하든지 주님의 보호의 날개 아래 머물게 하시고, 사고나 위험에서 벗어나 평안히 다녀올 수 있도록 인도해 주옵소서.

출장 중 만나는 모든 사람들에게 주님의 은혜를 나누는 통로가 되게 하시고, 그의 입술과 손길이 진실함과 지혜로움으로 채워지게 하옵소서. 맡은 일이 성공적으로 이루어지고, 모든 상황 가운데 최선의 결정을 내릴 수 있도록 그의 마음에 분별력을 더하여 주옵소서. 또한, 예상치 못한 어려움과 도전에 직면할 때에 주님의 도우심으로 능히 이겨낼 수 있는 힘과 용기를 허락하여 주옵소서.

하나님, 떨어져 있는 시간 동안 저희 부부가 더욱 깊은 사랑으로 하나 되어 있음을 느끼게 하시고, 서로를 위해 기도하며 기다리는 소중함을 깨닫게 하옵소서. 거리와 시간이 저희의 관계를 단단하게 하는 기회가 되게 하시고, 주님의 사랑 안에서 서로를 위하는 마음이 더욱 커지게 하옵소서.

제가 그의 빈자리를 채우며 기다릴 때, 불안이나 걱정에 휩싸이지 않게 하시고, 오직 주님께 신뢰하며 평안히 기도하는 시간을 갖게 하옵소서. 또한, 그의 건강과 마음의 평안을 위해 날마다 간구하게 하시며, 그가 돌아오는 날까지 주님의 손길이 함께하심을 믿게 하옵소서.

사랑의 주님, 그가 출장에서 배운 것들과 이루어 낸 것들을 통하여 주님의 이름이 높임받고, 저희 가정에 새로운 기쁨과 감사가 더해지게 하옵소서. 출발부터 귀환까지 주님의 사랑 안에서 무사히 마무리될 수 있기를 간구합니다.

이 모든 기도를 저희를 늘 사랑으로 감싸 주시는 예수 그리스도의 이름으로 드립니다. 아멘.

함께 봉사하는 부부기도문

섬김과 사랑의 하나님 아버지,

저희를 사랑으로 하나 되게 하시고, 서로의 손을 맞잡고 주님의 사역에 동참할 수 있는 부부로 세워 주심에 진심으로 감사를 드립니다. 저희가 주님의 뜻을 따라 함께 봉사하며, 주님의 영광을 드러내는 부부가 되기를 소망하며 이 기도를 드립니다.

주님, 저희가 봉사의 자리에서 주님의 마음을 품게 하옵소서. 섬김을 통해 주님의 사랑을 전하며, 어려움에 처한 이들에게 주님의 위로와 희망을 나누는 통로가 되게 하옵소서. 저희의 손과 발을 사용하셔서, 주님의 선한 일들을 이루어가는 도구로 삼아 주옵소서.

저희가 함께 봉사하며, 서로를 더 깊이 이해하고 사랑하게 하옵소서. 봉사의 시간 속에서 각자의 역할을 존중하며, 상대방의 수고와 헌신에 감사하는 마음을 품게 하옵소서. 갈등이나 피로 속에서도 서로를 격려하며 주님의 은혜를 나누는 부부가 되게 하옵소서.

특히, 봉사 속에서 겸손한 마음을 잃지 않게 하옵소서. 저희가 섬기는 이들에게 교만하거나 우월한 태도를 보이지 않게 하시고, 오히려 배우고 성장하며 주님의 뜻을 깨닫게 하옵소서. 주님께서 저희에게 베푸신 사랑과 은혜를 기억하며, 감사와 기쁨으로 봉사하게 하옵소서.

주님, 저희의 작은 섬김이 주님의 나라를 세우는 데 사용되기를 원합니다. 저희의 시간과 재능, 물질을 아끼지 않고 드리며, 이를 통해 많은 사람들이 주님의 사랑을 경험하게 하옵소서. 저희 부부의 봉사가 세상 속에서 빛과 소금의 역할을 감당하며, 주님의 이름을 높이는 삶이 되게 하옵소서.

또한, 봉사를 통해 저희 가정이 더욱 단단히 세워지게 하옵소서. 주님의 사랑과 은혜를 중심으로, 서로와 주님께 더욱 가까워지는 시간이 되게 하시고, 저희 자녀와 이웃들에게도 본이 되는 부부가 되게 하옵소서.

이 모든 말씀, 섬김의 완전한 본을 보여주신 예수 그리스도의 이름으로 기도드립니다. 아멘.

함께 꿈을 이루는 부부기도문

사랑과 희망의 하나님 아버지,

저희를 만나게 하시고 하나로 묶어 주셔서 같은 길을 함께 걸어가게 하신 주님께 감사드립니다. 오늘 저희 부부가 주님 앞에 나아와, 함께 품은 꿈을 이루기 위해 기도드립니다. 저희의 계획과 비전이 주님의 뜻 안에서 이루어지길 간절히 원합니다.

주님, 저희가 바라보는 꿈이 단순히 저희의 욕망을 채우는 것이 아니라, 주님께서 기뻐하시는 일이 되게 하옵소서. 저희가 가진 재능과 시간, 물질을 사용하여 주님의 영광을 드러내며, 다른 이들에게도 선한 영향력을 끼치는 부부가 되게 하옵소서.

저희의 마음에 주님의 지혜와 용기를 허락하셔서, 도전 앞에서 두려움에 머물지 않고 믿음으로 나아가게 하옵소서. 저희가 함께 기도하며 하나님의 음성을 듣고, 서로의 의견을 존중하며, 최선의 결정을 내릴 수 있도록 도와주시옵소서. 서로의 역할과 재능을 인정하며, 부족한 부분을 채워주는 동반자가 되게 하옵소서.

주님, 저희의 꿈을 이루는 여정이 쉽지 않을지라도, 주님께서 주시는 평안과 인내로 그 길을 걸어가게 하옵소서. 실패와 어려움 앞에서도 포기하지 않고, 서로를 격려하며 다시 일어설 수 있는 힘을 주옵소서. 함께 웃으며 꿈을 이야기할 때, 그 속에 주님께서 주시는 기쁨과 소망이 가득하게 하옵소서.

특히, 저희가 꿈을 이루는 과정 속에서도 가정의 중심을 잃지 않게 하옵소서. 저희가 서로와 가족을 소중히 여기며, 사랑과 신뢰로 가정을 지키게 하시고, 꿈을 이루는 것이 주어진 가정을 더욱 풍성하게 하는 열매가 되게 하옵소서.

주님, 저희의 꿈이 다른 사람들에게도 희망이 되고 축복이 되기를 원합니다. 저희 부부를 통해 주님의 선하심이 드러나고, 이 땅에 주님의 사랑과 은혜가 흘러가게 하옵소서. 주님께서 허락하신 꿈을 이루어가는 과정 속에서, 저희의 믿음이 자라고 주님께 더욱 가까이 나아가게 하옵소서.

이 모든 말씀, 저희를 사 랑하시며 저희의 삶을 인도하시는 예수 그리스도의 이름으로 기도드립니다. 아멘.

사랑이 깊어지는 부부기도문

사랑의 하나님 아버지,

저희 부부를 하나로 묶으시고, 서로를 사랑하며 함께 살아가게 하심에 감사드립니다. 오늘 저희가 주님 앞에 엎드려 간절히 기도합니다. 저희의 사랑이 날마다 깊어지고, 주님 안에서 더 풍성해지는 은혜를 허락하여 주옵소서.

주님, 저희가 처음 사랑을 고백하며 다짐했던 마음을 기억하게 하옵소서. 그때의 설렘과 진심이 시간의 흐름 속에서도 잊히지 않게 하시고, 그 사랑이 더욱 깊어지며 성숙해지게 하옵소서. 세월이 흘러도 저희의 사랑이 변하지 않도록, 주님께서 항상 저희 마음을 붙들어 주옵소서.

주님, 저희 부부가 서로를 소중히 여기며, 작은 일에도 감사하는 마음을 품게 하옵소서. 말과 행동으로 서로에게 따뜻함을 전하며, 이해와 용서를 통해 더 깊은 사랑을 나누게 하옵소서. 어려움이 닥칠 때에도 서로를 탓하지 않고, 주님의 은혜를 구하며 함께 극복하는 부부가 되게 하옵소서.

저희가 서로에게서 주님의 사랑을 발견하게 하옵소서. 주님께서 저희를 무조건적으로 사랑하셨듯이, 저희도 서로를 조건 없이 사랑하며, 주님의 사랑을 본받아 섬기고 헌신하는 부부가 되게 하옵소서. 저희가 서로를 위한 기도의 자리를 지키며, 주님 안에서 하나 되는 은혜를 누리게 하옵소서.

특별히, 저희가 일상의 바쁜 순간들 속에서도 서로의 마음을 들여다보고, 소통하며 함께 시간을 보낼 수 있는 여유를 허락하여 주옵소서. 작은 순간에도 서로를 생각하며 기쁨을 나누고, 서로에게 힘이 되는 배우자가 되게 하옵소서.

주님, 저희의 사랑이 단지 둘만의 관계를 넘어서, 자녀와 주변에도 선한 영향을 미치게 하옵소서. 저희 가정을 통해 주님의 사랑이 흘러가게 하시고, 저희의 사랑이 주님께 영광 돌리는 삶으로 이어지게 하옵소서.

저희를 사랑으로 묶으신 주님께 모든 감사와 찬양을 올려드리며, 이 모든 말씀 사랑의 근원이신 예수 그리스도의 이름으로 기도드립니다. 아멘.

항상 사랑을 선택하는 부부기도문

사랑이신 하나님 아버지,

저희를 주님의 은혜로 하나 되게 하시고, 매 순간 사랑을 선택할 수 있는 마음을 허락하심에 감사드립니다. 오늘 이 시간, 저희 부부가 주님의 사랑을 본받아 서로를 사랑하고, 어떤 상황 속에서도 사랑을 선택하는 부부가 되기를 간절히 기도드립니다.

주님, 저희 마음을 주님의 사랑으로 채워 주옵소서. 갈등과 오해가 생길 때에도 감정에 휘둘리지 않게 하시고, 항상 사랑과 이해로 상대를 대하게 하옵소서. 사랑이 모든 것을 덮으며, 용서와 화해를 이끌어낸다는 진리를 삶 속에서 경험하게 하옵소서. 상대방의 허물보다는 장점을 바라보며 칭찬할 수 있는 능력을 주옵소서.

저희가 상대의 부족함과 연약함과 나약함을 탓하기보다, 주님의 눈으로 바라보며 그 안에서 사랑의 이유를 찾게 하옵소서. 상대방의 수고와 이해와 헌신에 감사하고, 작은 일에도 사랑의 마음으로 표현하며, 서로를 격려하고 세워주는 부부가 되게 하옵소서.

주님, 어려움 속에서도 사랑을 선택할 수 있는 용기를 주옵소서. 문제와 도전이 찾아와도 주님의 사랑을 기억하며 함께 이겨내고, 서로에게 힘과 위로가 되는 동반자가 되게 하옵소서. 저희의 사랑이 주님 안에서 날마다 새로워지고, 더욱 깊어지게 하옵소서.

특히, 저희 부부의 사랑이 저희만이 아니라 이웃과 자녀에게도 흘러가게 하시고, 저희 가정이 사랑이 넘치는 본보기의 가정이 되게 하옵소서. 주님의 사랑이 저희 삶 속에서 드러나, 주변 사람들에게 주님의 은혜와 사랑과 평강을 나누는 가정이 되기를 원합니다.

이 모든 말씀, 사랑의 완전한 본이 되신 예수 그리스도의 이름으로 기도드립니다. 아멘.

섬김과 나눔이 있는 부부기도문

　사랑과 섬김의 본을 보여주신 하나님 아버지,

　저희 부부를 주님의 은혜로 하나 되게 하시고, 주님의 사랑을 나누며 살아갈 수 있는 축복을 주심에 감사드립니다. 오늘 이 시간, 저희가 섬김과 나눔이 있는 부부로 세워지기를 간절히 기도드립니다.

　주님, 저희의 마음에 주님의 사랑과 은혜를 가득 채워 주옵소서. 저희가 서로를 섬기며 존중하는 부부가 되게 하시고, 작은 일에도 감사하며 사랑으로 나눌 수 있는 사랑의 마음을 허락하여 주옵소서. 섬김과 나눔이 저희 가정의 중심이 되게 하시고, 남을 나처럼 생각하는 마음을 주시고 이를 통해 주님의 사랑이 드러나게 하옵소서.

　저희 부부가 주님께 받은 축복을 주변의 사람들과 나누게 하옵소서. 물질과 시간, 마음과 관심을 아끼지 않고 나누며, 특히 여러가지로 도움이 필요한 이들에게 주님의 손길이 닿도록 저희를 사용하여 주옵소서. 섬김과 나눔을 통해 주님의 나라가 확장되고, 많은 사람들이 주님의 사랑을 경험하게 하옵소서.

특히, 저희의 나눔이 단순한 행위에 그치지 않고 진심에서 우러나게 하옵소서. 주님의 겸손과 희생을 본받아 이웃을 섬기며, 그들의 아픔과 필요를 외면하지 않는 부부가 되게 하옵소서. 섬기는 과정 속에서 저희의 믿음도 성장하게 하시고, 주님께 더욱 가까워지는 은혜를 누리게 하옵소서.

주님, 섬김과 나눔이 저희 부부의 관계를 더 깊고 풍성하게 하시고, 주님의 사랑이 저희 가정을 통해 흘러가게 하옵소서. 저희 부부가 속한 공동체에도 주님의 사랑을 전하는 본이 되는 부부가 되게 하옵소서. 저희를 축복의 통로로 사용하셔서, 주님의 이름이 영광 받으시기를 소망합니다.

이 모든 말씀, 섬김의 완전한 본이 되신 예수 그리스도의 이름으로 기도드립니다. 아멘.

함께 배움과 성장이 있는 부부기도문

지혜와 은혜의 하나님 아버지,

저희를 주님의 사랑으로 하나 되게 하시고, 삶 속에서 배움과 성장을 경험하며 주님의 뜻을 이루는 부부로 세워 주심에 감사드립니다. 오늘 이 시간, 저희 부부가 서로를 통해 배우고, 함께 성장하며 주님께 더 가까이 나아가기를 소망하며 기도드립니다.

주님, 저희 마음을 열어 주셔서, 서로의 다름을 이해하고 배움의 기회로 삼게 하옵소서. 저희가 상대방의 말과 행동 속에서 주님의 지혜를 발견하며, 겸손한 마음으로 서로를 존중하고 성장의 동반자가 되게 하옵소서.

삶의 기쁨과 도전 속에서 저희 부부가 함께 배우고, 경험하며, 더 나은 방향으로 나아가게 하옵소서. 새로운 환경과 변화 속에서도 두려움 없이 배움의 자세를 유지하며, 주님께서 허락하신 모든 상황에서 귀한 가르침을 얻도록 인도하여 주옵소서.

주님, 저희가 서로의 약점을 보완하고, 강점을 격려하며, 함께 자라나는 부부가 되게 하옵소서. 배우자가 성장할 수 있도록 기도로 중보하며, 서로에게 용기와 희망을 주는 부부로 살아가게 하옵소서. 서로를 지지하며 함께 이룬 성장이 주님의 영광을 위한 열매가 되게 하옵소서.

특히, 저희 부부가 주님의 말씀과 진리 안에서 성장하게 하옵소서. 말씀을 읽고 묵상하며, 기도 속에서 주님의 지혜를 얻어 믿음의 깊이를 더해가는 부부가 되게 하옵소서. 배움과 성장이 주님께 더 가까이 나아가는 길이 되게 하시고, 저희의 삶이 주님의 뜻 안에서 결실을 맺게 하옵소서.

저희의 배움과 성장이 저희가 관계하는 모든 일상속에서 선한 영향을 끼치게 하시고, 주님의 사랑과 은혜를 나누는 통로가 되게 하옵소서. 저희 가정이 주님의 축복과 배움의 본이 되기를 소망합니다.

이 모든 말씀, 지혜와 성숙의 완전한 본이 되신 예수 그리스도의 이름으로 기도드립니다. 아멘.

주님의 사랑으로 하나 되는 기도

사랑의 하나님 아버지,

저희를 하나로 묶어 주시고 가정을 이루게 하신 주님의 은혜에 감사드립니다. 부부로 살아가며 저희가 하나님의 사랑 안에서 더욱 하나 되어 가길 간절히 소망하며 이 기도를 올립니다.

주님, 저희 부부가 서로를 바라볼 때 주님의 사랑으로 보게 하시고, 이해와 인내로 서로를 품을 수 있는 마음을 허락하여 주옵소서. 서로의 다름을 받아들이고 존중하며, 부족함은 주님의 은혜로 채우는 부부가 되게 하옵소서.

삶의 크고 작은 일들 속에서 저희가 함께 기도하며 주님의 뜻을 구하게 하시고, 어떤 어려움 속에서도 주님께 의지하며 손을 맞잡고 나아가게 하옵소서. 주님의 말씀 위에 저희의 가정을 세우며, 서로를 격려하고 믿음 안에서 성장하는 부부가 되도록 인도하여 주옵소서.

주님, 사랑은 단순히 말로 표현되는 것이 아니라, 섬기고 희생하며 실천하는 것임을 알게 하시고, 저희가 날마다 주님의 사랑을 본받아 서로를 사랑하게 하옵소서. 화가 나거나 갈등이 있을 때에도 주님의 평안을 기억하며, 용서와 화해로 다시 하나 됨을 이루게 하옵소서.

저희 부부가 주님을 중심에 모시고, 서로를 도우며 이 세상에서 주님의 사랑을 나누는 가정이 되게 하옵소서. 또한, 저희의 사랑이 겸손한 가운데 우리가 살고 있는 사회에까지 흘러가도록 하시고, 주님의 영광을 드러내는 부부로 살아가게 하옵소서.

주님의 사랑 안에서 저희가 날마다 새로워지길 기도하며, 예수 그리스도의 이름으로 간구합니다. 아멘.

주님의 사랑을 나누는 부부기도문

사랑의 하나님 아버지,

저희를 주님의 은혜로 하나 되게 하시고, 주님의 사랑을 나누는 귀한 삶으로 인도하심에 감사드립니다. 오늘 이 시간, 저희 부부가 주님의 사랑을 더욱 깊이 경험하고, 그 사랑을 다른 이들과 나눌 수 있는 자비의 부부가 되기를 소망하며 기도드립니다.

주님, 저희 마음을 주님의 사랑으로 가득 채워 주옵소서. 주님께서 저희를 조건 없이 사랑하셨듯이, 저희도 그 사랑을 따라 배우자와 가족, 이웃들에게 나누게 하옵소서. 저희의 말과 행동이 사랑의 도구가 되게 하시고, 주님의 사랑이 저희를 통해 흘러가게 하옵소서.

특히, 저희 부부가 서로를 향한 사랑을 통해 주님의 사랑을 드러내게 하옵소서. 서로를 존중하며, 격려와 위로의 말로 상대방을 세워주는 부부가 되게 하옵소서. 갈등과 오해 속에서도 주님의 사랑으로 화해하며, 용서와 화합의 본을 보이는 부부가 되게 하옵소서.

주님, 저희 가정을 주님의 사랑이 넘치는 곳으로 만들어 주옵소서. 저희 가정에서 흘러나오는 사랑이 샘이 넘쳐 가족들에게도 전해지고, 이웃들에게까지 닿아 주님의 넓고 깊은 선하심을 알리는 축복의 열매로 맺어지게 하옵소서. 작은 일에도 사랑을 실천하며, 나눔과 섬김의 삶을 살아가는 부부가 되게 하옵소서.

주님의 사랑이 저희 부부의 중심이 되어, 어려운 상황 속에서도 낙심하지 않고 서로에게 힘이 되게 하옵소서. 또한, 주님께서 주시는 사랑의 능력으로 저희가 세상의 어둠 속에서도 빛을 발하며 살아가게 하옵소서.

이 모든 말씀, 사랑의 본이 되시며 저희에게 영원한 사랑을 주신 예수 그리스도의 이름으로 기도드립니다. 아멘.

모든 일을 함께 기도하는 부부기도문

기도를 들으시고 응답하시는 하나님 아버지,

저희를 사랑으로 하나 되게 하시고, 부부로서 함께 주님을 섬기며 살아가게 하심에 감사드립니다. 오늘 저희가 간절히 기도합니다. 저희 부부가 삶의 모든 순간과 상황 속에서 함께 기도하며 주님의 뜻을 구하는 부부가 되게 하옵소서.

주님, 기도의 자리를 늘 소중히 여기게 하시고, 저희 부부가 매일 기도로 서로의 마음을 나누며 주님 앞에 함께 서게 하옵소서. 기쁠 때도, 슬플 때도, 고민과 결정을 앞두었을 때에도, 무엇보다 주님께 나아가 기도하게 하시고, 주님의 인도하심을 구하는 부부가 되게 하옵소서.

특히, 저희가 함께 기도할 때 주님의 음성을 듣게 하시고, 그 안에서 마음이 하나가 되게 하옵소서. 서로 다른 의견과 생각이 있을지라도, 기도 속에서 주님의 뜻을 발견하며 화합과 평안을 이루게 하옵소서. 기도를 통해 주님의 계획을 분별하고, 모든 길에서 주님을 신뢰하게 하옵소서.

주님, 저희가 함께 드리는 기도가 단지 입술의 고백에 머물지 않고, 주님의 뜻을 따라 행동으로 이어지게 하옵소서. 기도로 얻은 힘과 지혜로 가정을 세우며, 주님의 사랑을 이웃과 나누는 부부가 되게 하옵소서. 저희의 기도를 통해 주님께 영광이 돌아가고, 주님의 이름이 가정과 교회와 세상속에서 높임을 받게 하옵소서.

또한, 어려움과 시험이 찾아올 때, 저희가 함께 기도하며 흔들리지 않는 믿음으로 이겨내게 하옵소서. 두려움 대신 주님의 평강을 누리고, 염려 대신 주님의 약속을 붙드는 부부가 되게 하옵소서. 기도로 주님의 힘과 소망을 받아, 어떤 상황 속에서도 감사와 찬양을 잃지 않게 하옵소서.

주님, 기도가 저희 가정의 중심이 되게 하옵소서. 함께 드리는 기도를 통해 저희 가정이 더욱 사랑으로 연결되게 하시고, 주님의 은혜로 충만하게 하옵소서. 기도로 시작하고 기도로 마무리하는 부부가 되어, 주님의 사랑과 은혜를 세상 속에서 증거하게 하옵소서.

이 모든 말씀, 저희와 늘 동행하시며 기도를 들으시는 예수 그리스도의 이름으로 기도드립니다. 아멘.

사랑의 언약을 지키는 부부기도문

언약의 하나님 아버지,

저희를 주님의 사랑으로 묶어주시고, 결혼이라는 거룩한 언약 안에서 함께 살아가게 하심에 감사드립니다. 오늘 이 시간, 저희 부부가 주님 앞에서 맺은 사랑의 언약을 지키며, 주님께 온전히 영광 돌리는 삶을 살아가기를 소망하며 기도드립니다.

주님, 저희가 처음 언약을 맺을 때 주님께 드린 약속을 기억하게 하옵소서. 서로를 사랑하고 존중하며, 모든 상황 속에서 주님께서 주신 사랑을 실천하기로 다짐했던 그 마음을 다시 새기게 하옵소서. 어떤 어려움이 찾아와도 주님의 은혜 안에서 그 언약을 굳게 지키는 부부가 되게 하옵소서.

저희가 서로를 향한 사랑을 날마다 새롭게 하여 주옵소서. 작은 일에도 감사하며, 서로의 부족함을 사랑으로 감싸고 이해하게 하옵소서. 갈등과 오해가 생길 때에도 언약을 중심으로 다시 하나가 되게 하시고, 화해와 용서로 관계를 회복하는 은혜를 허락하여 주옵소서.

주님께서 언약의 중심에 계심을 잊지 않게 하옵소서. 저희 부부의 관계가 단지 두 사람만의 약속이 아니라 주님께 드린 거룩한 약속임을 기억하며, 그 언약을 지키는 삶을 통해 주님의 사랑과 진리를 세상에 드러내는 약속의 부부가 되게 하옵소서.

주님, 저희가 사랑의 언약을 통해 주님의 사랑을 증거하는 가정을 이루게 하옵소서. 자녀와 이웃들에게 신뢰와 헌신의 본을 보이며, 가정과 교회에서 증거의 통로로 사용되게 하옵소서. 저희의 언약이 주님의 축복의 열매를 맺는 기초가 되게 하옵소서.

이 모든 말씀, 언약의 완전한 본이 되시고 사랑의 참된 길을 직접 보여주시고 사신 예수 그리스도의 이름으로 기도드립니다. 아멘.

영원한 동반자로 준비된 부부기도문

　사랑과 연합의 하나님 아버지,

　저희를 주님의 뜻 안에서 하나 되게 하시고, 서로를 위한 영원한 동반자로 준비시켜 주심에 감사드립니다. 오늘 이 시간, 저희 부부가 주님의 사랑과 은혜 안에서 동행하며, 영원한 동반자로서 서로를 귀히 여기고 사랑할 수 있도록 도와주시기를 간절히 기도드립니다.

　주님, 저희가 서로를 바라볼 때 주님의 손길을 온전히 느낄 수 있게 하옵소서. 배우자를 단순한 인연이 아니라 주님께서 예비하신 귀한 동반자로 여기게 하시고, 매일 매일의 삶 속에서 감사와 사랑으로 서로를 섬기게 하옵소서. 저희가 주님의 뜻을 함께 찾아가며, 믿음과 신뢰로 동행하는 부부가 되게 하옵소서.

　저희 부부가 기쁨의 순간뿐만 아니라, 고난과 도전의 순간에도 서로에게 힘과 위로가 되게 하옵소서. 어려운 시간 속에서도 주님의 은혜를 붙들고, 함께 기도하며 용기와 소망을 나누는 동반자가 되게 하옵소서.

주님, 저희가 서로를 통해 주님의 성품을 배우게 하시고, 주님께서 부어주신 사랑으로 더 깊이 연결되게 하옵소서. 말과 행동 속에서 상대를 격려하고 세워주는 부부가 되게 하시며, 서로를 통해 주님의 영광을 나타내게 하옵소서.

특히, 저희의 동반자 관계가 가정을 넘어서 이웃과 교회에까지 주님의 사랑과 선하심을 나누는 통로가 되게 하옵소서. 저희 가정이 주님의 평강과 축복이 머무는 곳이 되어, 다른 사람들에게도 희망과 기쁨을 전하게 하옵소서.

주님, 저희의 관계를 주님의 손에 온전히 맡깁니다. 저희를 영원히 이어 주시고, 주님의 뜻을 이루는 동역자로 사용하여 주옵소서. 이 모든 말씀, 사랑과 연합의 완전한 본이 되신 예수 그리스도의 이름으로 기도드립니다. 아멘.

외부 유혹으로부터 보호받는 부부기도문

사랑과 진리의 하나 님 아버지,

저희 부부를 하나로 묶으신 주님의 크신 은혜에 감사드립니다. 오늘 이 시간, 외부의 유혹으로부터 보호하시고, 주님께서 맺어주신 부부의 언약을 지킬 수 있도록 기도드립니다.

주님, 세상은 저희의 관계를 흔들 수 있는 수많은 유혹으로 가득합니다. 그 유혹이 때로는 눈에 보이는 물질일 수도 있고, 때로는 관계 속에서의 시험일 수도 있습니다. 그러나 주님, 저희가 그러한 유혹 앞에 흔들리지 않도록, 주님의 강한 손으로 붙들어 주시옵소서. 저희의 마음과 생각을 지키시고, 늘 주님을 의지하게 하옵소서.

주님, 저희가 서로를 바라보며 진실한 사랑을 다짐했던 그 순간을 잊지 않게 하시고, 부부로서의 소중한 약속을 늘 기억하며 살아가게 하옵소서. 외부의 유혹이 다가올 때마다, 저희 마음이 오직 주님 안에서 평안을 찾게 하시고, 서로를 향한 사랑과 헌신으로 그 유혹을 이겨내게 하옵소서.

주님, 저희 부부가 늘 깨어있기를 원합니다. 눈에 보이지 않는 작은 틈이라도 사탄이 들어오지 못하도록, 주님의 지혜와 분별력을 허락해 주시옵소서. 서로의 연약함을 채워주고, 부족함을 품어주는 사랑으로 하나가 되게 하시며, 어떠한 상황에서도 서로를 신뢰하며 의지하는 관계가 되게 하옵소서.

특히, 저희가 다른 사람이나 세상적인 것들에 마음을 빼앗기지 않도록 도와주시고, 주님의 말씀과 기도로 저희의 영혼을 채우게 하옵소서. 세상적인 욕심이나 헛된 욕망에 흔들리지 않고, 오직 주님 안에서 만족과 기쁨을 찾게 하옵소서.

주님, 저희 부부가 서로의 마음을 소홀히 여기지 않게 하시고, 작은 관심과 배려로 서로를 돌보게 하옵소서. 서로의 사랑을 표현하며, 이해와 존중의 대화로 관계를 더욱 깊게 만들어가게 하옵소서. 외부의 어떤 것도 저희 사이를 갈라놓을 수 없도록 주님의 보호하심으로 저희를 감싸 주시옵소서.

주님, 저희 부부가 주님 안에서 하나 되기를 간절히 소망합니다. 저희의 관계를 통해 주님의 사랑이 드러나게 하시고, 주님의 영광을 나타내는 가정이 되게 하옵소서. 또한, 다른 이들에게 본이 되는 부부가 되어, 세상 속에서도 주님의 빛을 비추는 가정으로 서게 하옵소서.

이 모든 말씀, 저희를 끝까지 사랑하시는 예수 그리스도의 이름으로 기도드립니다. 아멘.

자비와 은혜가 넘치는 부부기도문

　자비와 은혜가 풍성하신 하나님 아버지,

　저희를 주님의 사랑으로 하나 되게 하시고, 가정을 이루어 주님의 은혜를 경험하게 하심에 감사드립니다. 오늘 이 시간, 저희 부부가 자비와 은혜로 서로를 대하며, 주님의 사랑을 세상에 흘려보내는 부부가 되기를 간절히 간절한 마음으로 기도드립니다.

　주님, 저희 마음 속에 자비를 허락하셔서, 서로의 약점과 실수를 넓은 마음으로 품을 수 있게 하옵소서. 상대방의 연약함을 탓하거나 비난하지 않게 하시고, 오히려 사랑과 격려로 세워주는 부부가 되게 하옵소서. 주님께서 저희를 무조건적으로 사랑하셨듯이, 저희도 그 사랑을 따라 배우자를 섬기게 하옵소서.

　저희의 대화와 행동 속에 은혜가 넘치게 하시고, 작은 일에도 감사하며, 상대방의 선한 점을 칭찬하고 인정하는 부부가 되게 하옵소서. 화가 날 때에도 부드럽고 온유한 말로 서로를 대하게 하시고, 자비로운 태도로 배우자의 마음을 위로하고 회복시키는 부부가 되게 하옵소서.

주님, 저희가 자비와 은혜로 가정을 세울 뿐만 아니라, 이웃과 교회 안에서도 주님의 사랑을 나누게 하옵소서. 어려움에 처한 사람들에게 도움의 손길을 내밀며, 자비와 은혜를 실천하는 삶을 살아가게 하옵소서. 저희 가정을 주님의 축복의 통로로 사용하여 주옵소서.

특히, 저희 부부가 함께 주님의 은혜를 나누는 시간을 소중히 여기게 하시고, 기도와 예배 속에서 주님의 사랑을 더욱 깊이 경험하게 하옵소서. 더 많은 은혜를 느끼며 그 은혜가 저희 가정의 중심이 되어, 항상 평안과 기쁨으로 가득한 가정을 이루게 하옵소서.

이 모든 말씀, 자비와 은혜의 완전한 본이 되신 예수 그리스도의 이름으로 기도드립니다. 아멘.

이 모든 것 위에 사랑을 더하라
이는 온전하게 매는 띠니라
-골로새서 3:14-